Charlotte M. Raven

NICHT NOCH EIN COACHING-BUCH!

Charlotte M. Raven

NICHT NOCH EIN COACHING-BUCH!

Über eine Industrie, die mit Manipulation Milliarden scheffelt, indem sie mit der Psyche von Menschen spielt

KOMPLETTMEDIA

Klimaneutral
Druckprodukt
ClimatePartner.com/13336-1905-1001

MIX
Aus verantwortungsvollen Quellen
FSC
www.fsc.org
FSC® C129413

Originalausgabe
1. Auflage 2023
Verlag Komplett-Media GmbH
2023, München
www.komplett-media.de
ISBN: 978-3-8312-0617-9
Auch als E-Book erhältlich

Lektorat: Redaktionsbüro Diana Napolitano, Augsburg
Umschlaggestaltung: FAVORITBUERO, München
Satz: Buch-Werkstatt GmbH, Bad Aibling
Druck & Bindung: COULEURS Print & more, Köln
Gedruckt in der EU

INHALTS-VERZEICHNIS

Für Carlo und eine Welt, in dem ehrliches Miteinander was richtig Cooles ist.

Und besonders für all die Menschen, die keine guten Erfahrungen mit Coaching gemacht haben und sogar bis heute noch mit den Auswirkungen kämpfen.

EINE KLEINE BEGRIFFS-KLÄRUNG

In diesem Buch verwende ich immer wieder verschiedene Begriffe, die ich vorab ausführen möchte, damit du das Buch flüssiger lesen kannst.

Die Szene Moderner Spiritualität

Hier stelle ich dir zum Verständnis einmal das Gesamtbild dar: Es gibt den »gesamten Markt«, den ich hier im Buch als Coachingszene oder Coachingindustrie bezeichne. Darin findet sich eine Art Subkultur, die »Szene der Modernen Spiritualität« – was am Ende aber nichts weiter ist als die New-Age-Spiritualität, nur anders formuliert. Wenn ich also von New-Age-Szene oder Szene spreche, rede ich von genau dieser Subkultur, die sich auch gut als Bubble bezeichnen lässt.

Das Trügerische daran ist, dass sich diejenigen, die diese Spiritualität leben und ihre Angebote darauf aufbauen, als »Coaches« und »Gurus« sehen, dabei ist New-Age-Spiritualität viel mehr eine Religion, die vorgibt, keine zu sein. Menschen werden also eigentlich nicht gecoacht, sondern ihnen wird gepredigt und gegen Geld Erleuchtung und Co verkauft. Deshalb bin ich dazu übergegangen, diese »Coaches« und »Gurus« Anbieter:innen zu nennen, um so einen einheitlichen Begriff zu nutzen.

Esoterik, Spiritualität und New-Age-Spiritualität

Auch möchte ich gezielt zwischen drei Begriffen unterscheiden: Esoterik, Spiritualität und New-Age-Spiritualität. Alle drei haben eigentlich keine »feststehende« Definition, dennoch lässt sich Folgendes festhalten:

Esoterik, wie sie heute meist verstanden wird, beschreibt am ehesten, dass es sich dabei um vielschichtige

Weltanschauungen handelt, in der metaphysische Lehren sowie anthroposophische und okkultistische Praktiken ein Zuhause finden und für persönliche Zwecke genutzt werden, die leider sehr oft dogmatisch werden und teilweise gefährliche Konzepte verbreiten (aber nicht zwangsläufig).

Spiritualität ist nicht Esoterik. Esoterik ist nicht Spiritualität. Ich habe dazu vor Kurzem Folgendes geschrieben, als mich Follower:innen fragten, wie ich zur Spiritualität stehe: »Ich bin fest davon überzeugt, dass Spiritualität etwas ganz Wunderbares, Wertvolles, Wichtiges und Haltgebendes sein kann. Damit meine ich aber ›echte‹ tiefe Spiritualität.« – also Spiritualität, die nicht an Bedingungen geknüpft ist und/oder als Geschäftsmodell ausgelegt ist. Ich sehe diese Spiritualität, die wir alle mainstreammäßig als »New-Age-Spiritualität« oder auch »Moderne Spiritualität« kennen, heute äußerst kritisch, weshalb ich sie in diesem Buch detailliert beleuchte. Denn sie setzt nicht nur an Bedingungen an (»wenn du etwas machst, dann bekommst du ein bestimmtes Resultat«), sondern verkauft das Resultat dann auch noch für sehr viel Geld: Erleuchtung gegen Geld. Erfolg gegen Geld. Anerkennung gegen Geld. Das ist keine Spiritualität, sondern ein knallhartes Geschäft. Oder es ist »spiritueller Narzissmus«, also eine Ausflucht in spirituelle Konzepte, um Kontrolle über sich selbst und andere zu erlangen (vgl. dazu auch das Kapitel »Spiritueller Narzissmus«, ab Seite 171). Aber es ist keine tiefe, wirkliche Spiritualität.

Spiritualität ist eine Verbindung zu einem selbst, mit allem, was dazugehört. Vor allem *allen* Emotionen. Es sind die kleinen und großen Momente des Seins. Egal, wie man das erreicht. Es ist eine Verbundenheit mit der Welt, der Natur und all ihren Lebewesen und Existenzen. Und zwar nicht im Sinne von »wir sind alle energetischer miteinander verbunden«, sondern im Sinne von »wir sind eine Gesellschaft, und wir sind miteinander füreinander da«.

Spiritualität ist auch ein wertebasiertes Leben, zeugt von Verständnis füreinander und von Nachhaltigkeit sich selbst gegenüber. Es ist kein »Ich setze mich hin und meditiere mich jetzt ins 5D-Feld, um mir daraus mein Traumleben zu manifestieren«. Das ist keine Spiritualität. Das ist ein Kontrollwahn. Spiritualität bedeutet aber auch genau das Gegenteil: anzunehmen, dass wir nicht alles kontrollieren können, dass die Realität manchmal fies ist, dass die Welt und manche Menschen manchmal schrecklich sind. Und dann zu agieren. Sich einzusetzen für andere.

Spiritualität bedeutet also auch Aktivismus. Und vor allem ist Spiritualität nichts Festes, nichts Allgemeingültiges, sondern individuell. Spiritualität verbindet dich mit dir. Das ist auch der Grund, warum New-Age-Spiritualität eine Pseudospiritualität ist. Denn es wird immer etwas gemacht, *um* etwas zu erreichen. Um etwas zu werden, zu machen, zu optimieren, zu transformieren. In den endlosen Versuchen, mehr man selbst zu sein, verliert man sich immer weiter. Es »ist« nicht. Aber Spiritualität in ihrer reinsten Form ist – sie ist ein Zustand des Seins, nicht des Machens.

Gaslighting

Gaslighting ist eine Form der psychologischen Manipulation, bei der eine Person versucht, bei einer anderen Person Zweifel zu säen und sie dazu zu bringen, ihre eigenen Erinnerungen, Wahrnehmungen oder Urteile infrage zu stellen. Oft wird versucht, jemanden dazu zu bringen, an seinen eigenen Wahrnehmungen und Überzeugungen zu zweifeln und an die Überzeugungen des anderen zu glauben. Oftmals werden dadurch Emotionen verleugnet oder auch komplette Erfahrungen ent-validiert (also valide Erfahrungen und Empfindungen als nicht valide eingestuft). Gaslighting kann subtil oder auch ganz offensichtlich sein, und es kann absichtlich oder unabsichtlich geschehen. Es ist eine Taktik, die häufig eingesetzt wird, um Macht und Kontrolle über eine andere Person zu erlangen, und kann schwerwiegende Folgen für Betroffene haben, darunter Angstzustände, Depressionen und den Verlust des Vertrauens in sich selbst (und andere).

EIN PAAR ERSTE EINLADENDE WORTE

Es ist Zeit für einen Wandel. Einen Wandel in einer Branche, die mit dem Leben, der Psyche und der Gesundheit von Menschen spielt und ein Ausmaß angenommen hat, das nicht nur spaltet, sondern Risiken für das Wohl von Menschen bildet und weder reguliert noch kontrolliert ist. Diese Branche nennt sich Moderne Spiritualität. Auch New-Age-Spiritualitäts- oder moderne Coachingszene genannt.

Ich schreibe dieses Buch, weil ich in meinem Leben vieles gesehen, vieles erlebt, vieles ausprobiert und mit vielem aufgehört habe. Besonders aber auch, weil es meine Stärke ist, Stellen zu identifizieren, an denen etwas oder ganze Systeme nicht funktionieren, sie zu analysieren und konstruktive Lösungswege zu finden. So bin ich andere Wege gegangen, ethischere, bewusstere und nachhaltigere Wege, die nicht »entweder oder« sind, sondern »miteinander füreinander«.

Ich habe selbst sehr viele Jahre in dieser Szene, in dieser ja schon Industrie, gesteckt – in der es nicht mehr um Menschen, sondern ums Geld und egozentrischen Zugewinn geht. Ich habe die sehr dunklen Seiten dieser Szene gesehen, erlebt und leider auch mitgemacht. Anbieter:innen, die alles dafür tun, um so viel wie möglich zu verkaufen. Es wird Hoffnung auf Besserung, Fülle und Glück verkauft, durch gezieltes Brainwashing und manipulative sozial- und massenpsychologische Techniken – all das habe ich hautnah miterlebt, weil ich nicht nur Teil der Szene war, sondern auch für diese Anbieter:innen gearbeitet habe. Nur geht es hier nicht um ein physisches Produkt, sondern um ein Spiel mit der Hoffnung auf eine bessere Zukunft und den Leben und der Psyche von denen, die in die Fänge dieser Anbieter:innen geraten – bei denen am Ende des Tages der Mensch nur ein Produkt und eine Zahl auf dem Konto ist.

Diese Szene, dieses System, lebt aber auch, weil in anderen Systemen Menschen über Bord geschmissen werden: Wer sich die Szene anschaut, muss sich also immer auch die anderen Systeme anschauen: Das geht über die Arbeitsgestaltung, über Politik und soziokulturelle Faktoren und endet beim Gesundheitssystem.

Wir leben in einer Gesellschaft, in der die Arbeit belastet, einschränkt, leider noch viel zu oft zu steif und wenig inspirierend ist. Arbeit, von der viele gerade so oder gar nicht leben können. Gefesselt an ein unflexibles System, das nicht selten nicht nur körperlich, sondern auch psychisch krank macht. Mitunter werden einige sogar noch ausgegrenzt und ausgenutzt. Hier dockt dann ein Gesundheitssystem an, das keine Zeit und Geld für die Menschen hat, weil es völlig überlastet ist. Zusätzlich gib es noch grundsätzliche Probleme: Es werden beispielsweise bestimmte Personengruppen anders, ja sogar schlechter behandelt. So fühlen sich zum Beispiel viele weiblich gelesene Personen nicht gehört, gesehen oder ernst genommen. Und das ist nicht nur ein Gefühl, sondern etwas, das real passiert. Tagtäglich.

Auch aufgrund dieser gesellschaftsrelevanten Themen sind viele offen für alles, was Hoffnung auf Besserung verspricht – und genau da setzt die Szene der Modernen Spiritualität an.

Mit diesem Buch zeige ich einige der Probleme auf, spreche an und kläre auf. Aber vor allem möchte ich mit diesem Buch eines bewirken: Es soll bewusst machen. Für die Probleme, aber insbesondere für mögliche Lösungen, denn die gibt es. Es soll aufzeigen. Es soll anstoßen. Es soll Vorschläge liefern. Denn es ist nicht alles schlecht in der Szene und schon gar nicht alles pauschal zu verteufeln. Spiritualität bietet viele wertvolle Elemente, und auch Coaching kann, wenn verantwortungsbewusst und ethisch gestaltet, eine wundervolle Bereicherung und eine wichtige (präventive) Maßnahme und Ergänzung sein.

Am Ende geht es darum, wie sich unsere Gesellschaft und ihre Systeme, die Politik, das Miteinander insgesamt und jede:r Einzelne bewegen und verändern kann – und muss –, damit eine Gesellschaft entsteht, in der die Gemeinschaft neben der persönlichen Entfaltung gleichberechtigt stehen kann, ohne dass ganze Gruppen bis hin zu:r Einzelnen darunter leiden müssen.

Ich bin mir auch bewusst, dass so ein Wandel niemals vollständig und von heute auf morgen auf perfekte Art und Weise stattfinden wird. Es wird immer Menschen geben, die andere ausnutzen. Aber vielleicht hilft dir als Leser:in dieses Buch zumindest ein bisschen dabei, zu erkennen, wer ausnutzt und wer nicht. Zu verstehen, was dich eher positiv und eher negativ beeinflusst. Zu erkennen, was vorn gezeigt wird und was hinter den Kulissen stattfindet, damit du bewusste Entscheidungen für dich treffen kannst.

Mir fehlte damals das Bewusstsein. Heute weiß ich mehr. Ich weiß, dass sowohl Coaching als auch Marketing auf ethische und nachhaltige Art funktionieren können. Ich habe gelernt. Ich habe mich rausgezogen aus einer dunklen Seite der Szene, in der so viele Mythen weitergetragen werden, und habe mich auf die Reise begeben, eine Reise zu mehr Ethik, zu mehr Verständnis für die individuelle Situation eines jeden – hin zu einem gemeinschaftlichen Ansatz, für und mit der Gesellschaft und einem Netzwerk, das für alle da ist, und ich freue mich über jede:n, die/der mit auf diese Reise kommt.

Eine Sache möchte ich erwähnen: Mir geht es mit diesem Buch weder darum, dir deine Erfahrungen abzusprechen, noch möchte ich jemanden persönlich angreifen. Mir geht es nicht um die Personen, sondern um die Methoden und Techniken, die genutzt werden. Diese spreche ich an und stelle die Auswirkungen und Mechanismen dahinter dar. Wenn ich Namen nenne, mache ich das nur, damit du gewisse Dinge nachvollziehen kannst.

Wenn du in dieser Szene steckst und vielleicht sogar zu den Anbietern oder Anbieterinnen gehörst, lade ich dich von Herzen ein, offen zu sein für andere Perspektiven und andere Erfahrungen. Denn viel zu oft, und da spreche ich aus eigener Erfahrung, blenden wir die Dinge aus, die »nicht positiv« sind, die unser Weltbild ins Wanken bringen. Aber dann sind wir nicht nur manchmal blind für das, was direkt vor uns liegt, sondern vergessen einen ganz wichtigen Teil der menschlichen Erfahrung.

INSIDE
THE
BUBBLE

Von Drogen aufs Meditationskissen

»Das Universum gibt uns, was wir aussenden. Seitdem ich die Meditationen von Dr. Joe mache, hat sich mein Leben radikal transformiert. Meine Prismaverkrümmung ist nun weg, ich habe bessere Augenwerte, mein Ganglion habe ich wegmeditiert, und außerdem lebe ich nun in absoluter Fülle.«

Das war einer meiner Kommentare in einer spirituellen »New Age«-Community im Jahr 2019. Und eine grandiose Lüge. Eine Lüge, die ich mir selbst erzählt habe, um mich besser zu fühlen, um die Kontrolle über mein Leben zu haben und schlussendlich auch um dazuzugehören – denn alle in meinem Umfeld erlebten irgendwelche Wunder, nur ich nicht. Ich fühlte mich noch genauso miserabel und scheiße wie vor meinem Einstieg in die New-Age-Spiritualitäts-Szene, wenn nicht sogar noch schlimmer. Also habe ich so getan, als wenn auch ich Wunder erleben würde, denn ich wollte dazugehören.

Heute beiße ich mir noch immer in den Hintern dafür, wie viele ungeprüfte, falsche und als wahr dargestellte Annahmen, Hypothesen und Lügen ich verbreitet habe, wie viele Menschen ich habe glauben lassen, dass ich geheilt und liebenswert bin, gleichzeitig ein so schlechtes Vorbild war und die Botschaften der Szene noch weitergetragen und vermeintlich »bewiesen« und bestärkt habe. Ich frage mich bis heute, wie vielen Menschen ich wohl vorgehalten habe, dass sie es nicht wert sind, so, wie ich mich eigentlich auch nicht wertvoll gefühlt habe, weil mir überall erzählt wurde, dass ich ohne Wunder und Co nichts wert bin. Am Ende habe ich mich jahrelang selbst gegaslighted, Spiritual Bypassing betrieben und in einer Blase gelebt, die meine tiefsten Ängste bedient und mich abhängig gemacht hat.

> **Spiritual Bypassing** ist die Tendenz, spirituelle Ideen und Praktiken zu verwenden, um ungelöste emotionale Probleme, psychologische Wunden und unerledigte Entwicklungsaufgaben zu umgehen oder zu vermeiden.[1]

Ich war irgendwann so überzeugt davon, diese Wunder würden auf jeden Fall passieren, dass eine magische Lösung vom Universum (aka Gott) geschickt wird, weil ich es nun endlich wert bin, vom Universum zu empfangen. Genau das ist es, was einen die New-Age-Szene beispielsweise mit dem »Gesetz der Anziehung« lehrt: Du ziehst an, was du aussendest. Damit spricht sie Menschen wie mich an, die aufgrund ihrer Erfahrungen genau das magisch anzieht.

Das erste Mal kam ich mit der Szene 2016 in Kontakt, nachdem ich eine – wie man es in der Szene so schön nennt – »dark night of the soul« hatte. Ein Konzept, das als Moment des Erwachens der Seele durch schlimme Erfahrungen verbreitet wird. In Neudeutsch: rock bottom. Oder anders gesagt: der tiefste Punkt, an dem man landet, wenn nichts mehr geht und man mental, emotional und auch finanziell am Boden liegt.

Es war der 5. Februar 2016. Ich war ausgebrannt, depressiv, aufgefressen von (Kindheits-)Traumata. Zu viel Alkohol, zu viel Drogen, um irgendwie die Leere in mir zu füllen. Mein Herz und auch meine Psyche haben diesem Tag nicht standhalten können. So fand ich mich wieder auf dem Badezimmerfußboden meiner Freunde liegend: Herzrasen. Panik. Erbrechen. Schwindel. Blackout. Am nächsten Tag, ich wollte es nicht wahrhaben, ging alles von vorn los. Herzrasen. Panik. Mein Leben, alles zog an mir vorbei. Blackout.

Was folgte, waren Monate der Panik: Herzaussetzer. Blackouts. Schwindel. Ich habe kaum mehr Essen vertragen. Ständig bin ich umgekippt. Irgendwann ging ich nicht mehr raus. Fast 15 Kilo habe ich abgenommen. Es gab einen Moment, da lag ich in meinem Bett und dachte: So kann ich nicht mehr weiterleben. Rock bottom eben.

So wandte ich mich – die in einer Atheistenfamilie groß geworden ist und an nichts und niemanden glaubte, schon gar nicht an irgendwas »da oben« – an eine »höhere Macht« – wenn es sie denn doch gibt, mit der Bitte, mir zu helfen, weil ich so nicht mehr weiterleben konnte. Was ich bekam – zumindest erzählte ich mir das –, war eine Werbeanzeige zu einer Meditationsapp. Mein Einstieg in Meditation. Was folgte, war ein tiefes Eintauchen in eine Welt, die mir auf abstruseste Art und Weise all die Erklärungen für meine Fragen lieferte:

»Diese Erfahrung ist Teil deiner Seelenerfahrung, du hast dir das auf Seelenebene ausgesucht.«

»Du wurdest von deinem Vater emotional missbraucht, weil das euer Seelenvertrag ist und er diesen damit erfüllt, sodass du in deine Kraft kommst.«

»Du ziehst solche Menschen an, weil du dich damit identifizierst und nicht geheilte Schattenanteile in dir hast.«

»Du hast dir das alles selbst erschaffen, um endlich in dein Potenzial zu kommen.«

Gleichzeitig lieferte mir diese Welt auch direkt alle Lösungen für meine Probleme. Kurse und Programme, die einem gegen Geld – mitunter sehr, sehr viel Geld – die magische Lösung für ein glückliches, erfolgreiches, freies und selbstbestimmtes Leben verkaufen. Und natürlich sagte ich, als Mensch, der sein Leben lang unglücklich, nie genug war und von den Eltern fremdbestimmt wurde – ja. Denn die Hoffnung auf Besserung, auf Freiheit, auf Selbstbestimmung, sie war so groß.

Glück auf Bedingung

Systematisch wurde immer und überall das Gleiche gepredigt: Wenn du diese Methode und Technik anwendest, wirst du endlich ein bestimmtes Resultat erreichen. Wenn du dein inneres Kind heilst, dann wirst du endlich frei und glücklich sein. Wenn du alle Energievampire aus deinem Leben streichst, wirst du endlich selbstbestimmt leben. Wenn du genug in dich investierst, wird das Universum dich belohnen. Wenn du die verletzten Anteile in dir heilst, wirst du endlich selbstbestimmt sein. Wenn.

Doch was es eigentlich ist, und das weiß ich heute, ist eine subtile Anspielung psychologischer Mechanismen, die Kontrolle suggerieren, zum Kaufen anregen und dafür sorgen, dass Dinge nicht hinterfragt werden und man genau das macht, was die Anbieter:innen einem (indirekt) vorgeben. Gleichzeitig wirst du von den Anbietern/Anbieterinnen, aber auch von ihren Communitys, dazu angehalten, Kontakte, die dir als ehrlicher Spiegel dienen und andere Bilder zeichnen könnten, als »noch nicht erleuchtete Energievampire« zu eliminieren. So wird systematisch dafür gesorgt, dass du dich mit bestimmten Ideologien identifizierst und komplett offen bist für die wildesten Erklärungen – ohne auch nur ein bisschen davon zu hinterfragen.

Dadurch wird denen, die (vermeintlich) wenig Kontrolle in ihrem Leben haben/hatten, mit toxisch manipulativem Marketing eine, was man in der Psychologie Kontrollillusion[2] nennt, verkauft. Aber es ist eben nur eine Illusion, denn über manche Dinge haben wir einfach keine Kontrolle. Deshalb ist es eine Illusion, die Kontrolle suggeriert und damit Hoffnung und vermeintlich Sicherheit und Halt gibt.

> Die **Kontrollillusion** ist die menschliche Tendenz zu glauben, gewisse Vorgänge kontrollieren zu können, die nachweislich aber nicht beeinflussbar sind.[3]

Ein vermeintliches Zuhause

Menschen, die offene Lebensfragen haben, werden mit toxisch manipulativem Marketing Lösungen verkauft, die vermeintliche Antworten liefern. Doch auf manche Fragen gibt es keine Antworten.

Menschen, die vom Gesundheitssystem allein gelassen wurden, werden durch manipulative Erklärungen aufgefangen und mit alternativen und energetischen Heilmethoden dazu angehalten, ihre schulmedizinischen Behandlungen abzubrechen. Doch manche Krankheiten benötigen medizinische Begleitung und Intervention, und manche lassen sich weder heilen noch erklären.

Menschen, die traumatische Erlebnisse hatten, werden – obwohl es rechtlich nicht erlaubt ist – gezielt mit toxisch manipulativem Marketing angegangen, und es wird ihnen Heilung versprochen. Doch leider gibt es diese Heilung nicht in solcher Form und schon gar nicht durch anonyme Massenkurse von Anbietern/Anbieterinnen, die meist keinerlei therapeutische und traumabezogene Ausbildungen haben.

Menschen, die sich in schwierigen finanziellen Situationen befinden, werden davon überzeugt, dass sie hohe Summen in bestimmte Kurse investieren müssen, notfalls sogar durch einen Kredit oder die Oma gedeckt, nur um dem Universum zu signalisieren, dass sie bereit und es wert sind, Fülle zu empfangen. Doch leider interessiert sich das Universum herzlich wenig für die finanzielle Fülle eines Menschen, und es wird dadurch einfach nur ein Mangelgefühl produziert, um Lösungen zu verkaufen, an denen sich die Anbieter:innen bereichern.

In den letzten Jahren sind diese Arten von Angeboten, Überzeugungen und Ideologien überall aus dem Boden geschossen. Und weil so viele davon reden und es bei so vielen auch – vermeintlich – funktioniert, ist das menschliche Gehirn eher dazu geneigt, etwas als »wahr« anzusehen, obwohl es eigentlich nicht so ist. Diesen Effekt nennt man übrigens den Illusory Truth Effect.

> Dieser **Illusory Truth Effect,** auch »truth effect« genannte Effekt, beschreibt die Tatsache, dass in der Vergangenheit häufig wiederholte Informationen den Eindruck vermitteln, dass sie wahrer sind als aktuelle Informationen.[4]

Dazu kommt, dass Menschen, wie ich in diesem Fall, unbedingt einer Peergroup angehören möchten – insbesondere, wenn es sich um Personen handelt, die wie ich ihr ganzes Leben lang schon Ausgrenzung und Ablehnung erfahren haben. Plötzlich findet man sich in einer wertschätzend wirkenden Community wieder – in der man aber nur so lange wertgeschätzt wird und dazugehört, wie man die gleiche Meinung hat und keine Kritik äußert.

DIE GESCHICHTE HINTER DER NEW-AGE-SPIRITUALITÄT

Religiöse Wissenschaft

Die New-Age-Spiritualitäts-Szene ist aus dem New Thought Movement in den USA entstanden, welches durch drei große Freikirchen in den USA begründet wurde (Unity Church, Church of Divine Science und Religious Science). Das gesamte Konstrukt New Age und New Thought besteht also aus Abspaltungen religiöser Formationen. Sie geben eine Glaubensrichtung weiter, die sich an Gott (oder »dem Universum«) orientiert.

Das Universum wird dabei als eine »höhere spirituelle Macht« gesehen, und es werden sogar Elemente der Physik, Mathematik und Mechanik herangezogen, um die Göttlichkeit des Universums »quantenphysikalisch« darzulegen, was aber am Ende des Tages pseudowissenschaftlich ist (vgl. Kapitel »Die Wissenschaft von Manipulation«, ab Seite 143) und den religiösen Glauben an Gott im christlichen Sinne in eine spirituell-wissenschaftliche Hülle steckt, um Menschen auf andere Art und Weise abzuholen. Nur wird meist keine klassische Bibel genutzt, sondern das Buch »Ein Kurs in Wundern« (A Course in Miracles, Foundation for Inner Peace), was schon von Art, Aufmachung und Papier sehr viel Ähnlichkeit mit einer Bibel hat, verwendet. Wenn man dann inhaltlich einsteigt, wirkt es wie eine anders formulierte »moderne« Bibel.

Schaut man sich die Mitbegründer des New-Thought-Movements an, findet man bekannte Namen, die bis heute noch die Selbsthilferegale in den Buchhandlungen füllen und als Standardlektüre in der New-Age-Szene gehandelt werden. Meistens handelt es sich dabei um vorrangig weiße, heteronormative Personen mit privilegiertem Hintergrund, die positives Denken und »Fülledenken« als vermeintlich wissenschaftlich basierte Lösung predigen. Allen voran stehen hier Namen wie William Walker Atkinson, Mary Baker Eddy, Louise Hay, Napoleon Hill und Bruce MacLelland. Kernaussagen sind, dass Gedanken Krankheit wie Heilung produzieren, alles mit allem verbunden ist, dass Wunder möglich sind, Gott die universelle Kraft ist und der Mensch ist, was sie oder er denkt und glaubt.[5]

Hieraus wurde ein Konstrukt geschaffen, das sich selbst als religiöse Wissenschaft bezeichnet – was unter der geltenden Definition von Wissenschaft ein Oxymoron ist, denn Religion ist weder geordnet noch als gesichert erachtet, was aber die Grundvoraussetzung von Wissenschaft ist.

So bringt es nicht nur privilegierten Personen, die es sich leisten können, »Erleuchtung« gegen Geld, sondern schiebt auch denen, die in nicht so privilegierten Umfeldern leben, und denen, denen es schlecht geht, systematisch die Schuld an der eigenen Lage in die Schuhe. Relevante Umweltfaktoren, die *immer* eine Rolle in der Situation eines Menschen spielen, werden ausgeblendet. Hier kann man also von systematischem »victim blaiming« sprechen, einem Vorgang, dem Opfer die (Mit-)Schuld an der Tat/Situation zu geben.

Ein Beispiel: Dort, wo politische Systeme Menschen in Armut halten, sind nicht die Menschen schuld, sondern die Politik und andere wirkende Systeme. New Age/Thought sagt aber, dass die Menschen sich diese Realität selbst geschaffen haben. Hier werden also »die Täter« geschützt. Und die »Täter« und Beschuldiger sind leider oftmals nicht weit voneinander entfernt. Weiße, meist männliche Menschen, die Kolonialismus betrieben haben und andere Menschen systematisch unterdrücken und ausbeuten.

Der New-Age-/Thoughtgedanke ist aber auch eine Bewältigungsstrategie, weil es die schlimmen Dinge dieser Welt »erträglicher« macht, leider nur für die, die sich nicht in den schlimmen Situationen befinden.

New Age und Kolonialismus

Die Entstehung des New-Thought-Movements muss unbedingt auch zeitlich und gesellschaftlich eingeordnet werden, weil es eine wichtige Rolle dabei spielt, wie sich alles »manifestiert« hat. Die ersten Ideen des Movements entstanden unter Phineas Parkhurst Quimby im 19. Jahrhundert. Hier muss man zunächst auf die Geschichte der USA blicken, insbesondere den Kolonialismus. Gleichzeitig war es eine Zeit der Industrialisierung, der Auseinandersetzungen, aber auch der Stärkung von Glaubensgemeinschaften. Vor allem die USA haben eine lange Geschichte verschiedener Glaubensgemeinschaften.

Die Ideen Quimbys manifestierten sich in Form religiös geprägter Lehren, die gemeinsam mit seiner – einstigen – Klientin Mary Baker Eddy weiterentwickelt wurden. Mary Baker Eddy ging später ihren eigenen Weg und predigte Heilung durch Glauben, Gebet und »Wissenschaft«, was auch einen Grundstein für das New Thought Movement legte. Heute erfreuen sich Quimbys bzw. Eddys Ansätze und Glaubensrichtungen starker Beliebtheit. Damals im 19. Jahrhundert waren diese Ansätze, auch die Behauptung der Wissenschaftlichkeit religiösen Glaubens, etwas völlig Neues, und vor allem vermittelten sie abseits der klassischen kirchlich-christlichen Interpretation der Bibel Sicherheit und gaben Halt.

Mary Baker Eddy hat mit ihrer Arbeit den Grundstein für die Positive Psychologie gelegt, eine heute recht beliebte, aber dennoch immer wieder aus berechtigten Gründen in der Kritik stehende Abspaltung der Psychologie. Die Kritik rührt daher, dass Positive Psychologie nicht nur auf vielen Annahmen begründet und mitunter methodisch problematisch ist, sondern sich auch zu sehr auf bestimmte Resultate (»Optimierung«) beschränkt und nicht zuletzt auch durch ihre teilweise ideologisch predigenden Lehrer:innen alles andere als positiv auffällt. Auch wenn die Positive Psychologie einen Weg in die akademische Welt geschafft hat, sind die Herkunft und ihre Botschaften als äußerst kritisch anzusehen.

Wenn wir uns nun die weitere Geschichte der USA anschauen, insbesondere die »white supremacy«, die Ausgrenzung und Unterdrückung von BIPoC – also einfach gesagt Personen, mit nicht-weißer Hautfarbe, sehen wir im späteren Kontext, vor allem nach dem Ersten und Zweiten Weltkrieg, ein Wirtschaftswachstum und die Entstehung einer absoluten Wohlstandsgesellschaft. Nicht umsonst wird die Zeit nach dem Zweiten Weltkrieg bis Mitte der 1960er-Jahre als »Hochphase des amerikanischen Kapitalismus« bezeichnet, in der Amerika als wirtschaftliche Supermacht heranwuchs, nicht zuletzt durch fragwürdige Arbeitsbedingungen und Ausbeutung von Minderheiten.

> Die Abkürzung **(BI)PoC** ist ein Begriff, der sich auf Schwarze, Indigene und gernerell People of Color bezieht. Mit dem Begriff sollen explizit Schwarze und indigene Identitäten sichtbar gemacht werden, um Antischwarzem Rassismus und der Unsichtbarkeit indigener Gemeinschaften entgegenzuwirken.[6]

Was das mit New Thought zu tun hat? Alles. Denn die meisten Bücher und Ratgeber, wie man »reich wird«, »sich selbst verwirklicht« und »heilt«, stammen aus dieser Zeit bzw. von weißen Menschen, die von dieser Zeit geprägt wurden. Aber auch von jenen, die von diesen Personen gelernt haben und diese Lehren nun weitergeben. Fast alle Bücher im Selbsthilferegal, die sich auf Moderne Spiritualität im weitesten Sinne beziehen, bauen auf diesen Büchern, diesen Lehren, diesen Überzeugungen auf.

Lehren, die also von weißen Menschen stammen, die meist weder aufgrund ihrer Herkunft und/oder Hautfarbe unterdrückt noch ausgegrenzt wurden und zu einer Zeit aufblühten, in der alles möglich erschien, lebten oder davon profitierten. Es war eine Zeit des Aufbruchs, und die Wirtschaft boomte. Zusätzlich lebten sie in einem Land, in dem sich damals schon der American Dream herausbildete, ein liberalkapitalistischer Ansatz, der die Hoffnung auf Erfolg in harte Arbeit transformierte und gleichzeitig tief in der amerikanischen Mentalität verankert war: dem Ausdruck und der Freiheit des Einzelnen.

So wurde auch Glaube und Erleuchtung, genauso wie Glück und Heilung, kommerzialisiert und Teil des erblühenden kapitalistischen Systems. Es wurden (und werden) Kurse und Programme mit Konzepten verkauft, die Wunder und Heilung unter bestimmten Bedingungen versprechen und gleichzeitig so trickreich formuliert sind, dass nicht die Anbieter:innen, sondern die Kunden und Kundinnen zur (Selbst-) Verantwortung gezogen werden, wenn etwas nicht funktioniert. Und wenn man sich die Branche heute anschaut, sieht man auch hier, dass die meisten Anbieter:innen weiße Menschen aus privilegiertem Background sind.

Privilegierter Background ist hier übrigens ein nicht festgelegter, sondern interpretationsabhängiger Begriff, dennoch lässt sich sagen, dass eine Person nach heutigem Verständnis als privilegiert gilt, wenn sie nicht aufgrund von Herkunft, Hautfarbe, Religion, Aussehen oder Geschlecht verfolgt, ausgegrenzt, unterdrückt und/oder angegriffen wird. Auch könnte man mit einbeziehen, dass man privilegiert ist, wenn man jeden Tag drei Mahlzeiten, frisches, frei verfügbares Trinkwasser bekommt und ein Dach über dem Kopf mit vier Wänden um sich herum hat. Dennoch, und das ist sehr wichtig, kann man privilegiert sein und trotzdem Ausgrenzung erfahren, und es kann einem auch als privilegierter Mensch sehr schlecht gehen.

Religiöses Schneeballsystem

Wenn wir nun die Geschichte weiter betrachten und uns die Entstehung der New-Age-Szene aus dem New Thought Movement anschauen, werden wir wieder mal mit großen und bekannten Namen konfrontiert, die alle stark mit New Age in Verbindung gebracht werden und bis heute die Lehren verbreiten: Anthony Robbins, Marianne Williamson, Bob Proctor, Robin Sharma, Marisa Peer, Gabby Bernstein.

Die Botschaften des New Age belaufen sich darauf, dass eine »neue Zeit kosmischen Bewusstseins«, eines Paradigmenwechsels und Transformation bevorsteht.[7] Dabei verstehen sich die Anbieter:innen bzw. Lehrer:innen oftmals als Überbringer von Heilung, Sinn, Fülle, Erwachen und Erleuchtung – natürlich gegen Geld. Gleichzeitig erinnert das System an eine Art Schneeballsystem. Denn oben stehen ein paar wenige, die gewisse Methoden predigen, die andere zum Erfolg führen sollen – dies wird dann von den Lehrlingen wiedergegeben und angewendet, weil sie ja nur so erfolgreich werden – oftmals unter Druck und der Darstellung der einzigen Wahrheit. Meist verdienen ein paar wenige damit unheimlich viel Geld, während die Kunden und Kundinnen mit großen Versprechen dazu angehalten werden, noch mehr in sich zu investieren, um die Fülle des Universums zu erfahren. Und hier ist die große Problematik, weil auch, ähnlich wie im New Thought Movement nicht nur Annahmen und Theorien als vermeintlich wissenschaftlich fundierte Grundlage verteilt werden, sondern tief greifend manipuliert, indoktriniert und unter Druck gesetzt wird.

Was eigentlich dahintersteckt, ist, dass unter der Flagge von Fülle, Erfolg und Heilung tiefe Wünsche angesprochen werden, auf deren Basis dann eine neu formulierte Religion verkauft wird. Glauben, in den man sich einkaufen kann. Womit man am Ende auch wieder den Kapitalismus füttert. Davon profitieren hauptsächlich die Menschen, die besonders überzeugend und sympathisch sind, die besonders laut, besonders polarisierend und besonders gut darin sind, nicht nur sich selbst, sondern auch Hoffnung zu verkaufen. In den meisten Fällen sind es auch hier weiße, privilegierte, heteronormative Personen, die nach »gesellschaftlichen Standards« entsprechend gut aussehend sind und viel zu oft kulturelle Aneignung betrieben haben, die dann kapitalisiert wird bzw. wurde.

Ich möchte noch einmal besonders darauf hinweisen: Mir geht es mit diesem Buch nicht darum, dir deinen Glauben oder deine Religion auszureden, das steht mir und niemand anderem zu. Jede:r darf glauben, was sie oder er möchte – diese Freiheit hört aber auf, sobald der persönliche Raum überschritten wird und Menschen durch diesen Glauben zu

Schaden kommen, indem sie toxisch manipuliert und unter falschen Vorgaben ausgenommen werden. So ist auch zu betonen, dass nicht alles schlecht ist. Ja, einiges ist absoluter Humbug, aber es ist oft genug ein Quäntchen Wahrheit an den Dingen – auch wenn darauf mit falschen Annahmen, wilden Theorien und Vermutungen gebaut wurde.

Deshalb kommt es immer darauf an, wie und in welchem Ausmaß toxische Manipulationen stattfinden und wie grundsätzlich die Kommunikation ist. Einige Dinge können manchen auch helfen, Sicherheit und Halt geben – und diese Erfahrungen möchte ich niemandem absprechen. Ich lade dennoch dazu ein, sich zu hinterfragen und ehrlich zu reflektieren, ob die Methoden wirklich helfen oder ob da vielleicht etwas anderes dahintersteckt.

Das Hauptproblem besteht darin, dass die gepredigten Wahrheiten und verwendeten Methoden unter unhaltbaren Versprechen einfach unehrlich dargestellt werden. Es wird verschwiegen, dass es sich eigentlich um eine Religion handelt. Es ist okay zu glauben. Es ist okay, einer Religion beizuwohnen. Wenn aber dort verschwiegen und belogen wird und am Ende viel zu viele Menschen mit psychischen Problemen daraus hervorgehen, Menschengruppen diskriminiert und ausgeschlossen werden, dann ist das etwas, das nicht mehr okay ist.

DER HYPE UM NEW AGE

Kult oder Community?

Wenn man sich die Natur von Kulten und Communitys anschaut, gibt es ein paar wesentliche Punkte, die aus einer Community einen Kult machen. In ihrer Natur sind beide soziale Konstrukte oder vielmehr Dynamiken, die sich insofern unterscheiden, dass bei einer Community eine Gemeinschaft auf Augenhöhe besteht und Andersdenken ebenso wie kritisches Hinterfragen bestärkt wird. Es wird sensibel und empathisch miteinander umgegangen und transparent informiert.

Bei einem Kult hingegen stehen einer oder mehrere Personen als Leader:in »oben«. Sie propagandieren eigene Wahrheiten als universelle Wahrheiten (mitunter sogar als Regeln oder Gesetze), brainwashen und beeinflussen, eliminieren eigenständiges sowie kritisches Denken und Handeln. Sie manipulieren und kontrollieren auch den Informationsfluss nach eigenem Belieben. Im Grunde ist ein Kult eine Art Pyramidensystem. Aber auch die, die in einem Kult »unten« stehen, haben eine eigene Dynamik, in der sich gegenseitig kontrolliert und überwacht wird.

> Das Wort **Kult** hat dieselbe Wurzel wie das Wort »Kultur«, setzt jedoch inhaltlich andere Akzente. Kult ist die meist ritualisierte ehrfurchtsvolle Hingabe an Personen, Institutionen oder/und Sachen bzw. Sachverhalte. Dabei muss es sich nicht immer um reale Objekte handeln, etwa um Naturkräfte, die zu Gottheiten idolisiert werden. Kultobjekte können auch vorgestellte Personen bzw. Sachen, Symbole usw. sein.

> Wesentlich am Kult ist, dass die Verehrung nicht aus der Ergründung der Wirklichkeit oder realistischer Wertschätzung wirklicher Personen bzw. Sachverhalte folgt, sondern meist auf Gefühlen, Vorstellungen, Ahnungen, Denkmöglichkeiten und Fiktionen beruht. Soziologisch gesehen ist Kult eine Massenerscheinung; es sind ganze Gruppen von Menschen, die dem Kult huldigen, den Charakter ihrer Gruppe aber auch gegenüber anderen Gruppen und gegenüber der Gesellschaft als Ganzes geltend machen (Sekten).[8]

Ich für meinen Teil sage heute, dass ich Teil eines wirren, vielschichtigen und äußerst undurchsichtigen Kults bzw. einer »inoffiziellen« Sekte war. Wenn man sich die Definition eines Kults oder einer Sekte anschaut, sieht man hier sehr schnell Parallelen: übertriebene Verehrung der Anbieter:innen und »des Universums«, Festhalten an Ritualen und Glaubensausrichtungen, Abspaltung von einem ursprünglichen Glaubenssystem mit meist realitätsfernen idealisierten Ausprägungen, in der oftmals andere Meinungen wie auch Kritik, egal wie konstruktiv geäußert, eliminiert werden.

An dieser Stelle möchte ich einmal einen Einblick in eine der größten und bekanntesten Communitys im deutschsprachigen Raum liefern, die meiner Meinung nach ganz klar ein Kult ist.

Ich war mehrere Jahre aktiv Teil dieser Community und bin immer noch als stiller Beobachter dort drin. Als ich eintrat, war es auch noch eine echte Community. Es ging um Austausch und Gemeinschaft, geleitet von der Coachin, die sie ins Leben gerufen hat. Mit der immer größer werdenden Anzahl an Mitgliedern wurde das Ganze lawinenartig zu einer Art Selbst-Therapieforum, inklusive Indoktrination und Gaslighting.

Viele, so auch ich damals, schütten dort vor mehreren Tausend Mitgliedern ihr Herz aus. Nicht selten geht es um schlimme psychisch belastende Themen, bei denen Mitglieder sich nicht nur Rat wünschen, sondern ihn auch ungefragt in einer Form bekommen, die absolut grenzüberschreitend und teilweise gefährlich ist. So werden die Aussagen und Annahmen der Coachin bzw. der New-Age-Spiritualität als Gesetz gesehen (weil die Coachin sich über Jahre gezielt selbst vermarktet hat und von den Follower:innen fast schon vergöttert wird) und von den Mitgliedern in einer endlosen Schleife immer wieder wiederholt. Personen, die eigentlich therapeutische Hilfe bräuchten, wird vermittelt, dass sie selbst an ihrer Situation schuld seien, und dann werden Lösungen durch esoterische Wunderheilungen, Chakrenreinigungen und Higher-Self-Affirmationen (gegen Geld) angeboten – oder eher angepriesen.

Konstruktiv kritische Stimmen oder das Hinterfragen der Coachin bzw. Leaderin sowie deren Ansichten werden sofort von der Community regelrecht niedergeschmettert oder sogar auch vonseiten der Leaderin gelöscht. Aktuelle Themen sowie politisch relevante, brisante oder auch Themen, die ein anderes Weltbild zeichnen, werden ebenfalls umgehend gelöscht. So werden gezielt Informationen gefiltert und ihre Ansichten als einzig wahre dargestellt, sodass die Menschen sich vollends mit ihr identifizieren und in einen Zustand der absoluten Idealisierung eintauchen. Das Schlimme daran ist, dass die Community eine Art Eigenleben entwickelt hat, indem sich die Mitglieder gegenseitig in ihren Annahmen, ihrem Glauben und vermeintlichen Wahrheiten bestärken und sich untereinander ent-validieren und gaslighten. Dies passiert, indem zum Teil schlimme Erfahrungen, wie beispielsweise in meinem Fall emotionaler Missbrauch in der Kindheit, als notwendiger Teil der Erfahrung dargestellt wird, damit »die Seele des Menschen sich entfalten« und dieser »sein volles Potenzial erreichen« kann.

Das Ganze geht auch hier so weit, dass gesagt wird, »der Missbrauchende habe damit seine Aufgabe im Seelenplan erfüllt«. Dann wird aber nicht empfohlen, eine Therapie zu machen, sondern es heißt: »Therapeuten oder Therapeutinnen verstehen die Seele und Energien sowieso nicht und sind arrogante unerwachte Wesen, die niedrig schwingen« und man solle viel besser »eine Energieheilung und Seelenrückführung machen sowie ein Coaching bei einer Heilerin (ohne therapeutische Ausbildung) buchen«. Kostet auch nur mehrere Tausend Euro. Und » funktioniert auf jeden Fall, denn es hat schon so unzähligen Menschen zur Transformation verholfen«.

Ich habe selbst einige dieser Coachings und Heilungsrituale gemacht und kann dazu nur eins sagen (wenngleich das auch nicht auf alle Anbieter:innen/alle Klienten und Klientinnen projizierbar ist und es sicherlich auch andere Erfahrungen gibt), dass es in den meisten Fällen absoluter Humbug war und über meine eingebildete, teils vorgegaukelte Wirkung hinaus nichts Erwähnenswertes, geschweige denn Positives passiert ist – vielmehr das Gegenteil: Ich hatte danach mehr Probleme als vorher. Das ist auch der Tenor, den ich immer wieder in den Nachrichten, die in meinem Postfach landen, sehen oder hören kann.

Leider ist es so, dass sobald man einen kritischen ehrlichen Erfahrungsbericht teilt, dieser sehr schnell gelöscht wird und einige Anbieter:innen sogar sofort mit Anwälten drohen. Mir schreiben immer wieder verzweifelte Menschen, die sich an mich wenden und meine Hilfe suchen, weil sie von Anbietern/Anbieterinnen dazu ermutigt wurden, ihr Erspartes in Coachings oder Heilungen zu investieren. Teilweise werden sie sogar dazu gedrängt, eine Therapie abzubrechen, weil diese die energetische Reinigung und Heilungszeremonie negativ beeinflussen würde.

Diese Filterung von Informationen und das Propagieren solcher Dinge ist nicht nur ethisch fragwürdig, sondern es ist auch einfach rechtlich nicht erlaubt, Heil- oder Wirkungsversprechen zu treffen oder Menschen mit (psychischen) Krankheiten ohne Heilerlaubnis zu behandeln. Coaches haben keine Heilerlaubnis und dürfen daher keine Menschen behandeln, die psychisch krank sind.

De facto passiert in den meisten Fällen aber gar nichts. Entweder werden die Menschen so unter Druck gesetzt, indem sie bedroht und persönliche Details veröffentlicht werden, oder sie werden in den Communitys an den Pranger gestellt.

Ich möchte an dieser Stelle drei Berichte von Betroffenen mit dir teilen, die sich an mich gewandt haben:

»Nachdem ich die letzte Rate für das Coaching nicht bezahlen wollte, weil nicht abgeliefert wurde, wurde ich beschimpft, dass ich ja als Frau andere Frauen zu supporten habe und ich sie verraten würde. Als ich dann gesagt habe, dass sie halt nicht abgeliefert hat und dass ich dann auch nicht zahle und ggf. dann auch zum Anwalt gehen werde, hat sie mich in ihrer Story mit vollem Namen veröffentlicht und öffentlich meine persönlichen Themen aus den

Coachings ausgepackt und gesagt, was ich für ein Opfer sei und dass ich selbst schuld bin und das nicht auf sie zu projizieren brauche. Insgesamt ging es um fast 25.000 Euro.«

»Ich habe eine 1-Sterne-Bewertung auf einer Bewertungsplattform hinterlassen, weil einfach nichts abgeliefert wurde, die paar Inhalte, die es gab, waren Infos, die man in jedem zweiten Instagram-Post findet, und als es kein Geld zurück gab, habe ich die Bewertung geschrieben. Dann hat mir die Anbieterin direkt eine Abmahnung geschickt und mir am Telefon gedroht, dass sie wüsste, wo ich wohne und ich sofort die Bewertung löschen soll.«

»In den Gruppencoachings habe ich mich manchmal ein bisschen wie ein Todesser von Voldemort gefühlt. Man wurde niedergemacht, und es wurde ein Wettbewerb aufgebaut, man durfte nie kritisieren oder wurde sofort niedergemacht. Es gab Wettbewerbe, und wer am besten war – den meisten Umsatz gemacht hat –, wurde dann quasi mit der Gunst, also der Energie des Coaches beschenkt, indem man einen Abend mit ihm verbringen durfte und irgendwann in den Inner Circle kam. Wenn man eben gestruggled hat, wurde man ausgelacht und als Opfer betitelt. Man wurde dann unter Druck gesetzt, noch mehr der Kurse des Coaches zu kaufen, weil das dann ja endlich ›die Grenzen sprengen‹ und die ›Energy shiften‹ sollte.«

Als Ergänzung teile ich hier noch eine meiner eigenen Erfahrungen. Ich habe in besagter Community eine vorsichtige Kritik an der Anbieterin in einem Post geäußert, in dem ich erklärte, dass ich es für sehr schwierig und gefährlich halte, dass in ihrem Onlinekurs, ohne persönliche 1:1-Begleitung, Innere-Kind-Arbeit ohne einen Warnhinweis vorweg gemacht wird und die Menschen indirekt ermutigt werden, allein durch ihr Trauma zu gehen und dies als notwendiger Prozess dargestellt wird. Nachdem ich um Hilfe gebeten hatte, weil bei mir alte Traumata sehr heftig hochgekocht waren und es mir psychisch sehr schlecht ging, wurde ich mit den gleichen Worten besänftigt, dass dies ein notwendiger Prozess sei und es in der nächsten Woche mit der Heilung des Ganzen weitergehen würde. Von der Community wurde ich angefeindet, wie ich denn nur an der Anbieterin Kritik äußern könne. Diese Methode hätte so vielen geholfen, und es sei ja meine eigene Schuld, wenn es mir so gehe, ich würde aus dem «Lower Self«, dem Mangel und der Opferrolle sprechen und meine eigenen Probleme an der Anbieterin auslassen.

Heute kann ich sagen, dass durch meinen Post das Weltbild, aber auch die Hoffnung und der Glaube an Besserung der Follower:innen ins Wanken geraten ist. Nicht zuletzt, weil diese Weltbilder durch die Coachin so geformt werden, sie so idealisiert wird und sie ihnen aber neben Hoffnung auch Halt gibt. So muss alles eliminiert werden, was diesen Halt, die Kontrollillusion und die vermeintliche Sicherheit gefährdet.

Wenn Positivität toxisch wird

In der gesamten Szene hat sich toxische Positivität wie ein Lauffeuer verbreitet, so heißt es »good vibes only« und Entvalidierungen und Verdrängungen ahoi.

> **Ent-validieren** beschreibt den Vorgang, dass valide Emotionen, Erfahrungen und Gedanken bewertet und verdrängt werden. Insbesondere findet das bei schwierigen Situationen/Emotionen/Gedanken statt. Im Grunde ist Ent-validieren eine abge-

> schwächte Form von Gaslighting bzw. geht es oftmals damit einher.

Dabei ist Positivität an sich nichts Schlechtes und kann durchaus förderlich für das sein, was man sich vornimmt. Die Problematik entsteht da, wo es verurteilt, ausgrenzt oder dogmatisch wird und zu einem ständigen Optimierungswahn und einem verschobenen Weltbild führt. Die Sache mit der toxischen Positivität ist nämlich, dass sie die Komplexität und Vielschichtigkeit menschlicher Erfahrungen und die Wichtigkeit der Erfahrung von schlechten Gefühlen komplett ausblendet. So ist toxische Positivität mehr als »good vibes only« – sie ist Ent-validierung von Erfahrungen und Emotionen, sie ist teilweise Realitätsferne, sie ist Blaming und noch vieles mehr.

Mittlerweile ist toxische Positivität ein totaler Modebegriff geworden, der gern von allen möglichen Anbietern/Anbieterinnen genutzt wird, die sich damit der Veränderung in der Branche anpassen wollen, in der zumindest etwas Bewusstsein für die ganzen negativen Auswirkungen von »good vibes only« entstanden ist. Da gibt es dann Posts, die erklären, wie man nur noch gesund positiv ist; Newsletter, die sagen: »Alle Emotionen sind wichtig!« Toxische Positivität ist aber eben so viel mehr. Es ist eine ganze Kultur der Optimierung, Verbesserung, Veränderung, des Nicht-genug-Seins. Und zu erläutern, wie man nun genau gesund positiv ist oder alle Emotionen willkommen heißt, spielt genau diese Kultur wieder an. Es wird also einfach nur genutzt, um auf den Zug moderner Buzzwords aufzuspringen, um so noch mehr Menschen zu erreichen.

Grenzwertig wird es vor allem dann, wenn zwar einerseits solche Aussagen im Marketing getroffen werden, die Anbieter:innen aber lauter Angebote haben, in denen die Teilnehmer:innen lernen, alle schwierigen Emotionen und Erfahrungen in etwas Positives zu transformieren, um so ein »besseres« Leben zu führen. »Raus aus der Komfortzone« heißt es so schön – nur wenn du da raus bist, kannst du deine Träume erfüllen. Und genau das ist auch toxisch positiv. Der ständige Druck, sich und sein Leben zu optimieren, es zu etwas Besserem zu transformieren; Menschen anzuhalten, sich zu entwickeln und zu wachsen, um endlich das Traumleben zu leben, glücklich, frei und erfolgreich zu sein.

Dazu werden in anonymen Onlinekursen, also Kurse, die nicht 1:1 oder in Kleingruppen begleitet werden, Techniken genutzt oder Bereiche angesprochen, die definitiv nur von erfahrenen (traumaspezialisierten) Psychotherapeuten oder Psychotherapeutinnen begleitet werden sollten. Menschen werden dadurch retraumatisiert, und das Ganze wird dann noch gefeiert bis zum Gehtnichtmehr.

So erging es auch mir. Mich hat so ein Kurs retraumatisiert. Diese Geschichte möchte ich dir gern hier erzählen: Es handelte sich dabei um den bekanntesten Onlinekurs der Coachin, die ich schon erwähnt habe. Es gab keine Warnungen, dass in dem Kurs durch die Arbeit mit dem Inneren Kind alte, ggf. auch unbewusste Traumata hochkommen können. Keine Hinweise, wie tief mit der menschlichen Psyche gearbeitet wird, sondern nur die Versprechen, dass sich das Leben transformieren wird, man Heilung erfahren kann und sich Wunder manifestieren können.

Der Kurs ist in 4 Module aufgeteilt, die zu der Zeit nacheinander wochenweise freigeschaltet wurden (heute in

2-Wochen-Zyklen). In der zweiten Woche ging es darum, in die Vergangenheit zu blicken und das Innere Kind zu treffen. Hier kamen bei mir so schlimme Dinge hoch, dass ich nicht mehr wusste, was ich machen sollte. Meine Gedanken rasten, ich hatte körperliche Reaktionen, und das Ganze endete dann in einer alten Bewältigungstrategie: Hass gegen mich selbst und eine tiefe Not, sich durch Selbstverletzung wieder zu spüren.

Als ich dem Support schrieb, wurde mir gesagt: Das ist ein wichtiger Prozess, und ich soll auf das Modul nächste Woche warten, da würden dann Techniken an die Hand gegeben, wie man damit umgehen kann. Ich habe mich an die Community gewendet und habe dann die schon einmal angeschnittene volle Breitseite bekommen. Ich wurde regelrecht niedergemacht.

Ich habe dann alles abgebrochen. Allein kam ich dort nicht wieder raus, und es hat mich psychisch sehr belastet. Im Nachhinein wurde mein altes Thema mit der Essstörung wieder präsent, weil es mir wieder Kontrolle gab.

Ich habe den gleichen Kurs tatsächlich zwei Jahre später noch einmal zu machen versucht und dabei bewusst das Modul 2 übersprungen. Dennoch waren es immer noch die gleichen, wenn nicht sogar noch schlimmere Werbebotschaften. Immer noch keine Warnhinweise (mittlerweile gibt es halbherzige Hinweise, die aber so formuliert sind, dass sie nicht ihren Sinn erfüllen). Auch nach diesem Durchgang des Kurses wurde mir wieder klar, wie problematisch einige der Methoden sein können.

Fairerweise will ich aber auch eins sagen: Es gibt wirklich Menschen, denen so ein Kurs hilft. Meist denen, die wenig bis keine psychischen Probleme haben. Er kann helfen, sich auf etwas zu fokussieren, sich für sich zu entscheiden und sich Ziele zu setzen – das höre ich von denen, die damit wirklich positive Erfahrungen gemacht haben.

Fast jeden Tag melden sich Menschen bei mir, denen es ebenso geht wie mir damals. Man muss nur mal einen Blick in die Kommentare unter meinen Instagram-Posts werfen, dann sieht man, was dort und in anderen Programmen mit den Menschen teilweise gemacht wird.

Unter dem Deckmantel kosmischer Gesetze und der Gunst des Universums wird dir erzählt, du müsstest nur deine Gedanken ändern, damit die richtigen Signale aussenden und in dich investieren, dann bekommst du auch etwas zurück, weil »das Universum so funktioniert«.

Wenn dir jemand sagen würde, du müsstest erst 10.000 Euro in einen Onlinekurs investieren, damit du dem Universum dadurch signalisierst, du seist es wert, endlich Fülle und Geld zu empfangen, würdest du so etwas machen? Tagtäglich wird dieser absolute Bullshit als Werbebotschaft, ja fast schon Druckmittel verwendet, um Kurse oder andere Produkte zu verkaufen. Aber was wäre das denn für eine Welt, in der wir einer höheren Macht, von der wir nicht einmal wissen, ob es sie gibt, erst beweisen müssen, dass wir es wert sind? Das sind einfach nur eins: moderne Ablassbriefe.

Wir müssen nicht erst beweisen, dass wir wertvoll sind. Wir sind wertvoll, jederzeit. Auch wenn wir das manchmal so gar nicht fühlen. Das gehört zum Leben dazu.

Der Knackpunkt ist, dass solche Aussagen und Ansichten die tief sitzenden Wünsche in dir ansprechen, dich wertvoll, anerkannt und wertgeschätzt zu fühlen. Es ist der Inbegriff eines kapitalistisch geprägten Systems, das auf Angst-Wunsch-Hoffnungs-Marketing (Scarcity-Marketing) aufbaut, so verkleidet, dass es wirkt, als wolle man den Menschen helfen und die Welt retten. Am Ende profitieren aber nur die, die diesen Glauben predigen. Kommt dir das irgendwie bekannt vor?

Anbieter:innen bedienen sich negativ behafteter Formulierungen, die dir vermitteln: Nur wenn du bestimmte Dinge machst, erreichst du deine Träume. So heißt es dann: »Wenn du dir ständig Sorgen machst, wird das Universum dir auch genau diese negativen Dinge schicken, du ziehst sie mit solchen Gedanken in dein Leben. Wenn du aber positive Gedanken aussendest, wirst du durch deine positive Energie genau die Dinge anziehen, die du dir wünschst.«

Außerdem gibt es dir die subtile Botschaft: So, wie du jetzt gerade bist, bist du nicht gut genug. Das klingt dann folgendermaßen: »Wenn du diesen Kurs, den ich extra für so geniale Menschen wie dich gemacht habe, nicht kaufst, verpasst du die Chance auf ein außergewöhnliches Leben und wirst für immer in deinem langweiligen mittelmäßigen Leben bleiben.« Das ist auch fast schon Gaslighting, denn nach vorn raus erzählen sie dir, dass du wertvoll und gut genug bist, nutzen aber Worte und Taktiken, die dir genau das Gegenteil vermitteln. Und das ist eben *alles* toxische Positivität. Hand in Hand mit manipulativem Marketing und einer großen Prise Gaslighting.

Der letzte Strohhalm

Als ich mit der Szene in Berührung kam, war ich so fertig mit mir und meinem Leben, dass ich nicht mehr leben wollte. Alles in mir war eine einzige Baustelle, von Depressionen über Panikattacken, über unerklärliche heftige körperliche Symptome bis hin zu Suizidgedanken war alles dabei.

Therapieplatz? Ich hatte nach langer Wartezeit einen Therapeuten gefunden, der mich nicht nur mehrfach ent-validiert, gegaslighted und beleidigt, sondern auch noch belästigt hat. »Stellen Sie sich mal nicht so an«, »dann geht's Ihnen noch nicht schlecht genug« und »Hypochonder« waren noch die angenehmsten Dinge, die ich auf diesem Weg immer wieder von Ärzten/Ärztinnen und Therapeuten/Therapeutinnen gehört habe. So geht es vielen. Insbesondere Frauen, die immer wieder nicht gesehen und nicht gehört oder ernst genommen werden.

Ich habe mich vom Gesundheitssystem im Stich gelassen gefühlt. Und so landete ich ganz unten. Ich hielt mich an jedem Strohhalm fest. Und dieser Strohhalm kam in Form von New-Age-Spiritualität. Sie liefert (wenn auch abstruse) Erklärungen, fängt auf und macht das Leben vorübergehend erträglicher. In dem Moment ergibt alles Sinn. Weil man die schmerzhaften Dinge ausblendet, und natürlich macht das das Leben irgendwie besser. Weil man gesehen und ernst genommen wird. Und das ist genau das, was gesucht wird. Man darf halt nur nicht aufhören.

So stieg auch ich in diese Welt ein und konsumierte. Endlos. Ich tauchte ein, und zwar so richtig. Ich las jedes Buch, was mir im Selbsthilferegal unter die Finger kam, machte quasi jeden Kurs, der mir Besserung, Heilung, Freiheit, Glück und sonst was versprach, buchte Coachings, ließ mich mentoren, machte Innere-Kind- und Traumaarbeit in Onlinekursen. Hinzu kamen Energieheilungen, Chakrenreinigungen, Transformations-Workshops und ChakkaChakka-Events, Yoni-Zeremonien, Female-Goddess-Awakening-Whatever-Journeys. Ich meditierte stundenlang, aktivierte mein inneres Auge und die Zirbeldrüse, transzendierte geistig in der 5D-Ebene, rief Engel zur Heilung um Hilfe und machte Seelenrückführungen.

Was passierte, war, wenn ich ganz ehrlich bin ... nichts. Okay, nicht ganz nichts, ich wurde sehr viele Tausend Euro ärmer, habe mich schlussendlich selbst komplett verleugnet und ständig selbst gegaslighted, wurde retraumatisiert und lebte nicht zuletzt in einer völlig realitätsfernen Bubble mit Leuten, die das Ganze auch noch pushten. So bekommt man verinnerlicht: keine Nachrichten, kein Mainstream, keine Kritiker, keine »Energievampire« – alles schön im Sinne des eigenen Glücks eliminieren, damit man bloß nicht ins »Lower Self« rutscht und negativ beeinflusst wird. Oder, und das sage ich aus meinem Wissen heute: möglichst alle Stimmen aus dem Leben entfernen, die noch einen Bezug zur Realität haben, damit es für die »Leader:innen der neuen Zeit«, wie sie sich selbst gern nennen, einfacher ist, ihre Follower:innen zu beeinflussen und schlussendlich zu indoktrinieren und zu brainwashen.

Vielleicht wirken die letzten Zeilen auf dich etwas befremdlich, und du magst vielleicht denken, dass es ein Einzelfall ist – leider ist es das aber bei Weitem nicht. Seitdem ich öffentlich auf Instagram über meine Erfahrungen und den Ausstieg aus der Szene spreche, bekomme ich ständig Nachrichten von anderen, denen es genauso geht. Personen, die in die Fänge einer Industrie geraten sind, die die Psyche von Menschen unter dem Deckmantel des Helfens und Verbessern kapitalisiert hat. Doch das Paradoxon (oder vielleicht ist es gar nicht so paradox) dahinter ist, dass die Anbieter:innen viel zu oft selbst sehr viele psychische Probleme haben, nicht selten auch vom Leben, dem Gesundheitssystem oder dem Arbeitsmarkt allein gelassen wurden und ihre Tätigkeit als eine Art Ausflucht und Ventil dafür nehmen.

Es wird viel zu oft aus eigener Erfahrung gecoacht, ohne auch nur eine (relevante) Ausbildung zu haben, weil es der Person selbst ja (vermeintlich) geholfen hat. So wird der eigene Weg, die eigene Lösung als ultimative Wahrheit an andere verkauft. Und ich rede hier nicht nur von Affirmationen, sondern auch von Fällen, in denen Personen mit Essstörungen Heilung durch Onlinekurse auf reiner Basis eigener Erkenntnisse ohne psychologische Ausbildung verkauft werden. Es wird unbegleitet Traumaarbeit gemacht; es wird bewusst »getriggert«; es werden Emotionen abgesprochen – alles unter dem Deckmantel von Heilung und Besserung. Wenn es dann nicht funktioniert, gibt es immer die gleichen universellen Ausreden: »Du willst es halt nicht genug!«, »Du hast halt noch nicht genug in dich investiert!«, »Du hast dir das selbst angezogen, weil deine Seele dich auf die nächste Ebene hebt, und darin liegt immer ein Geschenk!«.

All diese Aussagen sind psychische Manipulation und versuchen eine Erklärung für Dinge zu liefern, für die es vielleicht einfach keine Erklärung gibt. Das Ganze gibt nicht nur Halt, sondern sichert die Anbieter:innen am Ende auch ab: Denn so ziehen sie sich aus der Verantwortung. Die obigen Sätze würden anders formuliert alle das Gleiche sagen: »Du bist selbst schuld, wenn es bei dir nicht klappt.«

Alles geschieht so subtil, dass sich dein Weltbild verschiebt und anstatt Selbstliebe die eigene Kritik und Versagensangst immer stärker wird. So kann es zu einer Dissonanz – oder in Folge zu einer Dissoziation, also dem Abspalten von eigenen Anteilen, Emotionen kommen. Dann werden Strategien gesucht, dies auszugleichen. Die einen gehen von einem Kurs zum nächsten, investieren immer und immer mehr, die anderen leben nur noch in einer gedanklichen Traumwelt. Die

Nächsten werden psychisch krank, und wieder andere spielen nur vor, dass etwas passiert, nur um weiter dazuzugehören oder das eigene Weltbild aufrechtzuerhalten. So wie ich.

Als ich in der Bubble war, hatte ich endlich eine Peergroup. Ich hatte auf einmal Menschen, die einen feierten und die da waren. Ich wurde aufgenommen in eine ganz besondere (wenn auch meist digitale) Clique mit Menschen, die mir das gaben, was ich mir immer ersehnt hatte: Verständnis, Nähe, Anerkennung, Gemeinschaft. Nicht umsonst stellt man auch fest, wenn man einen Blick in einschlägige Gruppen wirft, dass dort viele Menschen genau diese Dinge berichten: »Endlich fühle ich mich gesehen«, »Ihr seid so empowernd«, »Ich fühle mich endlich zu Hause«, »Endlich habe ich meine Menschen gefunden«, »Ihr seid die Einzigen, dich mich verstehen« – das sind nur einige der Sätze, die dort immer und immer wieder fallen. Die Menschen finden hier ein Zuhause. Sie werden angenommen, wo sie so oft von Systemen und anderen Menschen allein gelassen wurden.

Dazu kommt dann von außen, nicht zuletzt durch Social Media und aber auch durch die Anbieter:innen selbst, bewusst aufgebauter Druck, noch besser zu werden, sich noch weiter zu optimieren, noch spiritueller, noch besonderer, noch anerkannter, noch erfolgreicher, noch höher schwingend, noch geliebter, noch freier, noch mehr, noch mehr, noch mehr. Hier werden dann gern nur Erfolge und positive Dinge gezeigt, wie beispielsweise die Traumbeziehung, das Haus auf Hawaii, das tolle Auto, ständige Reisen, First-Class-Flüge und erfolgreiche Kundenstimmen. Für Betrachter:innen der ganzen »Wellnessfluencer:innen« auf Social Media schwingt so ständig, manchmal ganz unbewusst, eines mit: »Dieses Leben, was wir führen, ist so erstrebenswert, und wenn du nicht so erfolgreich bist wie wir, dann bist du mangelhaft.«

Dass Menschen Erfolg völlig unterschiedlich definieren, dass für manche Erfolg eben nicht ein Vermögen von 20 Millionen und 10 Häusern auf der Welt ist, sondern drei gute Mahlzeiten auf dem Tisch zu haben, nicht auf jeden Cent schauen zu müssen, in einem sicheren Land leben zu können und bedeutsame Beziehungen zu anderen Menschen zu pflegen, wird völlig ignoriert.

MIT MANIPULATION ZU MILLIONEN

New Age Lottery

Vielleicht hast du auch schon mal einen der folgenden Sätze gehört oder gelesen:

- »Fülle ist dein Geburtsrecht!«
- »5 Schritte, wie du garantiert deine erste Million verdienst und finanziell frei wirst.«
- »Du kannst dir alles in deinem Leben manifestieren.«
- »Wenn du gerade kein Geld hast, hast du dich selbst dafür entschieden.«

Durch diese Sätze wird dir eine subtile Botschaft gegeben, dass du alles selbst unter Kontrolle hast, dass du selbst schuld bist. Es wird dir gesagt, dass du nicht richtig bist, dass dir etwas fehlt. Und dann wird dir im Nachgang eine Kontrollillusion angeboten, die dir das verspricht, was dir vorher als Mangel aufgezeigt wurde. Kontrolle, Fülle, Sicherheit – alles Dinge, die das Leben vermeintlich einfacher machen und als wünschenswert, fast schon als »must haves«, dargestellt werden.

Was aber auch gemacht wird, ist, dass dir etwas vorgeschrieben und als ultimative Wahrheit angepriesen wird. Du wirst somit im Grunde genommen fremdbestimmt. Obwohl die meisten doch genau das nicht wollen. Das Allerschlimmste daran ist wohl: Soziokulturelle Faktoren werden völlig außer acht gelassen. Wenn man in ärmlichen Verhältnissen aufgewachsen ist, dann ist es sehr selten der Fall, dass man da rauskommt. Natürlich gibt es diese Erfolgsgeschichten von ein paar wenigen, die vom Tellerwäscher zum Millionär wurden – aber das sind eben die Einzelfälle, die eine Menge Hoffnung machen können (und sollen).

In der Szene geht es oft um eins: Selbstbestimmung. Doch je mehr man danach strebt, desto mehr sperrt man sich selbst in einen Käfig der Fremdbestimmung.

Die Botschaften des New Age spielen auf die gleiche Psychologie an, warum Menschen Lotto spielen oder an den American Dream glauben. Dieser *eine* besondere Mensch sein, der es schafft. Auch wenn die Chance nur bei 1 zu 100 Millionen liegt. Es könnte ja sein, dass ... Das Verrückte beim Lotto ist: Je größer der Jackpot, desto mehr Leute spielen, und desto geringer wird dann wiederum die Chance zu gewinnen.

Man vermutet, dass zum einen das Gefühl, dazuzugehören, nichts verpassen zu wollen, eine elementare Rolle spielt, und gleichzeitig (er)füllt die Hoffnung die Spieler:innen auch. Dazu kommt ein gewisses Maß an Aufregung. Hier spielen also auch Hormonausschüttungen im Gehirn eine Rolle. Obendrauf kommt noch, dass die Frustration, nicht zu gewinnen, sogar noch eine Verstärkung darstellen kann. So spielt man weiter in der Hoffnung, dass es ja irgendwann mal klappen muss, schließlich hat man ja auch schon so viel investiert (Sunk-Cost-Fallacy).

> Die **Sunk-Cost-Fallacy** bezeichnet einen Denkfehler, bei dem wir eher bereit sind, etwas fortzusetzen, wenn wir bereits Zeit, Geld, Energie oder Ähnliches investiert haben, auch wenn es uns schaden könnte. Dies tritt häufig in Beziehungen, Start-ups oder bei Menschen auf, die immer mehr Kurse und Bücher kaufen, obwohl sie sich das eigentlich nicht leisten können, in der Hoffnung, dass der nächste Kurs das Problem löst.

Irgendwann kommt dann einmal ein kleiner Gewinn, ein kleiner Erfolg, man fühlt sich kurz besser, und so bestätigt man sich die Machbarkeit – und spielt weiter. Oder bucht weiter Kurse. Endlich glücklich. Endlich erfüllt. Endlich reich. Endlich frei. Endlich den Jackpot, den man aber nie gewinnt. Stattdessen verliert man immer mehr Geld.

Feier mich!

Was immer wieder zu sehen ist, ist die Idealisierung von Anbietern/Anbieterinnen. Sie werden von ihren Follower:innen fast schon vergöttert und angehimmelt. So glauben diese, dass sie die Anbieter:innen persönlich kennen, und fühlen sich ihnen nah – obwohl sie diese eigentlich gar nicht kennen. Resultierend daraus passen sie dann ihr eigenes Verhalten oder die Weltanschauung – also das sogenannte Ich-Ideal an diese an. Doch was passiert da eigentlich wirklich? Und warum kann das schwerwiegende Auswirkungen haben?

Dafür müssen wir etwas in die Psychologie/Psychoanalyse eintauchen: Das Ich-Ideal, also unsere Vorstellung von uns selbst, die wir als »richtig und wünschenswert« oder »moralisch korrekt« betrachten, wird durch unsere Erfahrungen auf der Erde sowie durch unsere Idealisierung von bestimmten Personen und unsere Identifikation mit ihnen geprägt. Wenn dieses Ich-Ideal von unseren tatsächlichen Erfahrungen und Trieben abweicht, die wir auf einer bewussten Ebene wahrnehmen, kann das zu einer Dissonanz führen. Man setzt sich unter Druck, strebt nach unerreichbaren Idealen, hört auf, Dinge zu hinterfragen, oder entwickelt sogar psychische Erkrankungen.

Es ist wichtig zu verstehen, dass Idealisierung oftmals auf einem Abwehr- bzw. Verdrängungsmechanismus aufbauen kann. Dies hat in der Regel einen regulativen Anspruch, wodurch ein Mensch innere, unbewusst möglicherweise als bedrohlich eingestufte Vorgänge oder Erfahrungen abzumildern oder zu eliminieren versucht. Das bedeutet, dass ein Mensch beispielsweise durch Idealisierung einer Person eigene Anteile, die subjektiv für ihn nicht wünschenswert oder beängstigend sind, ausweicht, unterdrückt oder überspielt.

Auch Gruppendynamiken können zu einer Idealisierung führen: sprich zu einer Handlung, die nicht aus bewussten Gründen ausgeführt wurde, sondern weil die Gruppe die Richtung vorgibt und dadurch eine Handlungsanpassung stattfindet.

Wir identifizieren uns so auch beispielsweise mit Film- und Seriencharakteren. Je mehr uns ein Charakter entspricht, je mehr Parallelen es gibt oder je mehr wir uns sehnlichst wünschen, so wie der Charakter zu sein, desto mehr identifizieren wir uns mit diesem fiktiven Charakter. Das kann man nutzen, indem man bewusst in diese anderen Rollen geht, um daraus neue Perspektiven zu gewinnen, indem man darauf achtet, was einem wichtig ist, worauf man den Fokus legt oder auch, was mögliche Ziele sind und was wir gern ändern möchten. Es kann aber auch zu einer Identitätskrise oder -verschiebung führen. Wir adaptieren die Art und Weise, wie dieser Charakter handelt, auf unser eigenes Leben und unser eigenes Handeln. Das kann als Schutzmechanismus dienen, es kann eine Strategie oder auch eine Flucht sein, um sich nicht mit den eigenen Problemen, Sorgen oder Ängsten zu beschäftigen. Diese Identifikation wird aber mitunter gezielt genutzt, um Serien oder Filme erfolgreich zu machen, aber auch, um Produkte zu platzieren – und genau das machen sich die Anbieter:innen ebenfalls zunutze.

Sie stellen sich, genauso wie zum Beispiel einige Influencer, in einem gewissen Licht dar. Die Follower:innen idealisieren die Anbieter:innen und feiern alles, was dieser Mensch macht, jedes Produkt wird gehyped, ohne es gekauft oder gesehen zu haben, oder es wird gleich alles gekauft, alles geliked, oft ohne auf den Inhalt zu achten. Das ist Idealisierung im Endstadium. Leider so stark, dass viele gar nicht mehr merken, wie sehr sie das beeinflusst, und vor allem hinterfragen sie die Inhalte nicht mehr. Nur weil ein Teil der Arbeit eines Menschen gut ist, ist nicht alles gut. Nur weil manche Posts richtig gute Inhalte haben, sind nicht alle anderen auch gut. Nur weil die eine Meinung gut ist, ist nicht alles, was der- oder diejenige sagt, Gesetz.

Das Allerschlimmste ist: Es ist gewollt. Du sollst idealisieren. Du sollst jedes Produkt kaufen. Und zwar ohne Wenn und Aber. Du sollst mit leeren Floskeln und den immer gleichen Inhalten und großartigen Versprechungen abgefrühstückt werden. Es gibt ja eine tolle Ausrede, wenn es bei ihnen dann nicht klappt: Du bist selbst schuld. Du hast halt nicht genug meditiert oder manifestiert. Du bist zu »low vibe«.

Die Kunst, Geschichten zu erzählen

Im Folgenden werde ich dir eine Geschichte von mir auf zwei verschiedene Arten erzählen. Die erste ist eine Beschreibung dessen, was wirklich passiert ist, und die andere ist die gleiche Situation als richtig gut erzählte Story – so, wie sie online von einer Anbieterin oder einem Anbieter landet, um ein Produkt oder eine Dienstleistung zu verkaufen.

Version 1: *»Ich bin seit 2016 als Unternehmensberaterin tätig. Ich habe zunächst als Freelancerin und in einer Beratungsgesellschaft gearbeitet und war dort schlussendlich Head of Digital*

Transformation. Finanzen und mich selbst zu managen waren nie so richtig meine Stärke. Vertrieb habe ich immer gehasst. Weil mein Job dort auch immer vertriebslastiger wurde und ich schon immer nach Hamburg gehen wollte, habe ich dies dann schlussendlich getan. Dort habe ich dann ein Gewerbe angemeldet und selbst meine eigene Unternehmensberatung aufgebaut. Mein Konto war im Minus, ich hatte keine eigene Wohnung, nur ein WG-Zimmer für ein paar Wochen zum Überbrücken, und mit der Selbstständigkeit lief es echt schwierig. Ich habe aber allen erzählt, dass es gut läuft, um bloß nicht im schlechten Licht dazustehen, das wurde mir auch von meinen Mentoren so beigebracht. Es hieß immer, dass man mit 1:1-Begleitung, was ich immer machen wollte, für immer ›Zeit gegen Geld tauschen‹ werde, und nie reich und frei sein werde. Also habe ich wie meine Mentoren einen Onlinekurs aufgebaut, der Menschen half, sich zu positionieren und sich selbstständig zu machen. Ich habe fast alles gemacht, was meine Mentoren gemacht haben, es hat aber nichts davon funktioniert, ich habe es aber so dargestellt, als wenn es das würde, weil man das eben so macht. Überleben konnte ich nur, weil ich in den vergangenen Jahren gute Kontakte zu einigen Firmen aufgebaut hatte, aus denen sich ein paar Projekte ergeben haben, die mich echt gerettet haben. Dazu habe ich Projekte aus der Not angenommen, in denen ich bewusst für die Auftraggeber:innen manipulieren und teilweise schon rechtliche Grenzen überschreiten musste. So ging es voran mit der Selbstständigkeit, aber der Preis dafür war sehr hoch. Ich konnte mir nun einige Dinge leisten, zum Beispiel eine nette Dachgeschosswohnung mit Dachterrasse und ein Auto. Ich habe das auch gezeigt und es als Bestätigung meiner Leistung und Beweis dessen, dass meine eigene Methode auch funktioniert, gesehen. Zumindest wollte ich das so. Das war meine selbst erschaffene Realität. Eine Realität erschafft man sich aber nicht, sondern sie ist. Meine erschaffene Realität war eine Lüge über mein eigenes Leben, die ich mir selbst erzählt habe, um andere davon zu überzeugen, dass ich wertvoll bin und meine Methoden funktionieren, während es im Innen gebrodelt und gekocht hat. Dabei habe ich mir selbst und anderen etwas vorgespielt. Aber es hat sich eben gut verkauft.«

Stolz bin ich darauf übrigens nicht. Mir zieht sich noch heute beim Gedanken an diese Zeit der Magen zusammen. Jetzt möchte ich dir einmal anhand meiner Story richtig »gutes« Storytelling aufzeigen und wie damit ein Produkt verkauft wird. Achte beim Lesen mal darauf, was das mit dir macht.

Version 2: *»Ich war so lange unzufrieden in meinem Job in leitender Position in einer Beratungsgesellschaft: schlaflose Nächte, ständig überschrittene Grenzen und lauter Dinge, wie zum Beispiel Vertriebstelefonate und Kundenakquise, die ich machen musste, aber nicht wollte. In dieser Zeit habe ich dank eines ganz wundervollen Kurses, den Meditationen und Bestärkungen durch mein Umfeld eine ganz klare Entscheidung für mich getroffen. Ich habe gekündigt und bin, ohne einen Cent auf dem Konto zu haben, ohne zu wissen, wo ich langfristig wohnen soll, und mit einer Menge Unsicherheit im Gepäck meinen Träumen gefolgt und nach Hamburg gegangen. Sicherheit gab mir aber eins: Ich wusste, dass das Universum mich nicht im Stich lassen wird, wenn ich ihm zeige, dass ich es wirklich will. Ich bin All-in gegangen. Ich habe jeden Abend meine Träume visualisiert, und das Universum hat mir alles geschickt, was ich mir gewünscht habe. Plötzlich kamen Projekte aus heiterem Himmel, und es floss unheimlich viel Geld zu mir. Das hat mir gezeigt, dass man wirklich alles schaffen kann, wenn man nur will. Mittlerweile habe ich Tausende Euro auf dem Konto, eine Penthouse-Wohnung mit fetter Dachterrasse und einen geilen*

BMW. Geld macht nicht glücklich, aber das Leben einfacher. Und weil ich mir wünsche, dass alle Menschen in ihr Potenzial kommen, habe ich mein gesamtes Wissen und die Erfahrung in einen Kurs gepackt, in dem ich dir zeige, wie du auch All-in gehen kannst und alle deine Träume wahr werden lässt. Es ist Zeit, dass du für dich und deine Träume losgehst, sonst wirst du es nicht schaffen! Und du kannst alles schaffen! In dem Kurs werde ich dich persönlich mentoren, und du kannst dir noch bis morgen deinen Platz von nur 15 exklusiven Plätzen in dieser magischen und transformierenden Journey buchen, die dir zeigt, wie du in nur 3 Monaten zu deiner ersten Million kommst. Und das für nur 15.000 Euro! Verpasse nicht deine Chance auf ein außergewöhnliches Leben. Aber sei dir bewusst: Ich arbeite hier nur mit absolut committeten Soulclients zusammen. Bewirb dich deshalb nur, wenn du bereit bist, endlich erfolgreich zu sein, und in finanzieller Freiheit leben möchtest und deshalb auch bereit bist, Zeit und Geld in dich und deinen Erfolg zu investieren.«

Puh, schon krass, oder? Im Grunde wurde nicht direkt gelogen, es wurden einfach nur andere, nahe nachfühlbare Worte für etwas gefunden, die Bilder im Kopf produzieren, damit es magisch, besser und »geiler« klingt und dich ganz subtil in eine gewisse Richtung bewegt. Erst wird eine Situation dargestellt, dazu eine Emotion, mit der du dich identifizieren kannst, die du dir wirklich bildlich vorstellen kannst – die Unzufriedenheit im Job, Sorgen, kein Geld. Dann wird ein negatives Gefühl verstärkt, bevor dann anhand des eigenen Beispiels, also anekdotischer Evidenz, allgemeingültig bewiesen sein soll, dass es für dich natürlich auch möglich ist, dort herauszukommen, und dass es eine Lösung gibt.

> Unter **anekdotischer Evidenz** versteht man Erfahrungsberichte, die herangezogen werden, um eine bestimmte These zu unterstützen. Die darin genannten Beispiele und Erfahrungen spiegeln individuelle Erfahrungen und ungeprüfte Rückschlüsse wider und sind weder repräsentativ noch wissenschaftlich bestätigt.

Es wird eine Theorie bzw. ein Glaube als magische, bewiesene Lösung angepriesen: die höhere Macht, die sich um einen kümmert. Das gibt Sicherheit und gleicht die negativen Emotionen aus – es öffnet dich für alles Weitere, was da kommt. Dann wird die Transformation dargestellt. Das Ganze baut auf der Theorie innerer Antreiber auf: Erst ein »weg von«, und das transformiert sich dann zu einem »hin zu«. Dir wird also ein Schmankerl vors Gesicht gehalten, du musst nur noch anbeißen. Damit du anbeißt, wird dir das Gefühl gegeben, dass dieser Kurs etwas ganz Exklusives ist, dass es nur für die ganz besonderen Menschen ist. Und das möchtest du gern sein, besonders, gesehen, anerkannt. Das spielt auf unsere tiefsten innersten emotionalen Bedürfnisse an. Geleichzeitig wird dir durch die Art der Formulierung aufgezeigt, dass, wenn du das willst, wenn du das Geld nicht hast oder nicht bereit bist, dass du dann eben nichts wert bist. So wird Druck aufgebaut, damit du kaufst. Durch die zeitliche Verknappung wird dann noch dafür gesorgt, dass du sofort kaufst und nicht lange drüber nachdenkst, denn dann steigst du aus dem emotionalen Spiel, aus der Energie, die aufgebaut wurde, damit du eine Kaufentscheidung fällst, aus und denkst wieder rationaler. Die Kaufwahrscheinlichkeit sinkt. Das ist übrigens die »Magie« hinter

Live-Veranstaltungen (die ich gern ChakkaChakka-Events nenne und über die du später noch etwas erfährst).

Gutes Storytelling ist eines *der* Tools, um erfolgreich zu vermarkten. Die Psychologie dahinter? Identifizierung, Machbarkeitsbeweise, negative Verstärkung und Druck. Manche Menschen sind von Natur aus gute Storyteller, andere haben es präzise gelernt, um damit Gewinn zu machen. In einem der Seminare von einem der bekanntesten Coaches hier in Deutschland geht es im Grunde nur darum. Man lernt in einem mehrere Tausend Euro teuren Kurs, wie man durch das gezielte Einsetzen von Worten, Betonungen, Phrasen und der geschönten Wahrheit andere in den Bann zieht und manipuliert. Die Menschen werden ermutigt, die Realität zu verschweigen und anders zu formulieren, ohne dass direkt gelogen wird, um daraus eine Story zu bauen, wie ich es oben gemacht habe. Es wird sogar gesagt: Wenn du deine Story geil genug erzählst, prüft das eh keiner nach. Es ist also volle Absicht.

Stille Post im Business Coaching und Copycatting

Business Coaching in der Bubble ist zu einer Art inoffiziellem Schneeballsystem, einem Pyramidensystem, geworden. Es haben ein paar wenige an der Spitze stehende Leute Konzepte aufgebaut, welche nach unten mit den Worten weitergereicht werden. »Mach es so wie ich, dann wirst du auch erfolgreich.« So orientieren sich die Kunden und Kundinnen an den Anbietern/Anbieterinnen und kopieren deren Konzepte. Angefangen beim Wording über das Design bis hin zur Farbwahl und den Angebotsnamen. Manchmal kann ich an Profilen genau sehen, bei wem jemand im Business Coaching war, allein durch die Nutzung gewisser Formulierungen und die Aufmachung.

Aber es sind nicht nur die Formulierungen und die Art des Auftritts, sondern auch die Ansichten. So werden immer wieder die gleichen Inhalte in der ein oder anderen Form wiedergegeben. Meistens geht dabei etwas verloren. Und zwar die Qualität. Gefühlt hat jeder Business-Coach in dieser Bubble (die »klassischen« Corporate-Business-Coaches sind hier also nicht gemeint) heute eine eigene Academy, University oder »zertifizierte« Ausbildung. Sie betiteln sich selbst als »Success Mentor:in« und »7-fig-biz-Coach« und bieten dann »Business Coach Zertifizierungen« oder sogar »Zertifizierte Studiengänge zum Coach« an, die nicht nur irreführen und inhaltlich bedenklich sind, sondern oftmals auch noch horrende Summen jenseits der 10.000 Euro kosten. Nur sind diese Zertifizierungen leider erst mal nichts wert, auch wenn sie großartig klingen.

> **7-fig-biz und 6-fig-biz** werden als Abkürzung verwendet, um darzustellen, wie viel Geld ein:e Business Coach:in verdient (hat), aber auch, um zu zeigen, dass der/die Coach:in andere auf dem Weg dahin begeleitet. »7 figures« bedeutet, dass die Person mindestens eine Million Euro bzw. Dollar Jahreseinkommen hat, wohingegen »6 figures« ein Jahreseinkommen von mindestens 100.000 Euro bzw. Dollar bedeutet.

Jeder Kanarienvogel kann heutzutage ein Zertifikat ausstellen. Solange die Inhalte nicht von einer offiziellen Stelle geprüft und dort zertifiziert wurden, haben diese keinerlei Aussagekraft über die Qualität der Ausbildung. Auch gibt es Anbieter:innen, die offizielle Zertifizierungen anstreben, dies wird dann mit folgenden Aussagen beworben: »Zertifizierter und anerkannter Studiengang*«, und unter * findet man dann seit mehreren Jahren schon das Gleiche stehend: »Befindet sich gerade im Genehmigungsverfahren.« Das ist Irreführung und eine ziemlich krasse Marketingmasche. Aber so wird den Kunden und Kundinnen glaubhaft gemacht, dass sie etwas Offizielles machen, und sie sind daher natürlich eher geneigt, das Produkt zu kaufen.

Und selbst wenn sie zum Beispiel von bestimmten Stellen, wie beispielsweise bei Fernlehrgängen üblich von der Staatlichen Zentralstelle für Fernunterricht (ZfU) geprüft wurden, heißt das immer noch nichts. Denn die ZfU ist keine staatliche Anerkennung und prüft auch nicht die inhaltliche Qualität, fachliche Korrektheit oder Vollständigkeit, sondern lediglich, ob gewisse formale Gegebenheiten im Sinne des Verbraucherschutzes vorhanden sind. Es wird nach eigener Aussage überprüft, ob die Ziele eines Lehrgangs durch die Inhalte erreicht werden können. Klingt erst mal wichtig und gut, sagt aber leider nicht viel aus.

So habe ich es selbst in meiner Ausbildung als psychologische Beraterin erfahren, die eine ZfU-zugelassene Ausbildung war, in der aber Inhalte vermittelt wurden, die aus fachlicher Sicht einfach katastrophal waren. Irgendwann wurde es so wild, dass ich diese Ausbildung nicht weitergemacht und mich für das Psychologiestudium entschieden habe. Mit den dort teilweise gelehrten Inhalten psychologisch zu beraten ist fast schon fahrlässig, trotzdem klingt und wirkt es kompetent, weil es ja »zugelassen« ist.

Deshalb ist es wirklich wichtig, sich genau anzusehen, was man für Ausbildungen macht und ob diese Zertifikate wirklich etwas wert sind. Und weil es schwer sein kann, so was überhaupt zu erkennen, hoffe ich sehr, dass dir das Buch dabei hilft, Sensibilität für diese Dinge zu entwickeln.

Dennoch klingt »Zertifikat« immer erst mal gut. Und genau das machen sich die Anbieter:innen zunutze. Ein Zertifikat hat gleich mehrere Wirkungen: im Innen (»Ich hab's geschafft«), nach außen (»Ich kann was«) und auch in Bezug auf das Machtgefälle, das oft in solchen Ausbildungsbeziehungen herrscht (»Ich als Anbieter:in entscheide, ob du erfolgreich bist oder nicht«).

So erlangt dann ein Mensch in einem Kurs eines dieser Zertifikate zum/zur Business-Mentor:in von einer/m Business Mentor:in. In den Kursen wurden zum Beispiel »magische Erfolgsgeheimnisse«, die auf dem Gesetz der Anziehung und »Quantenphysik« beruhen, gelehrt und dass ja alles Mindset ist. Dann werden noch ein paar Tools mitgegeben, zum Beispiel das Copycatting und die Duplikation (was meistens der Fall ist) gelehrt, und damit gehen dann diese Coaches wieder los und bringen ihren Kunden und Kundinnen ebenfalls das Business-Mentoring bei. Jeder, der schon mal Stille Post gespielt hat, kann sich denken, was dabei rumkommt.

Duplikation heißt, dass die Kunden und Kundinnen dazu angehalten werden, das nachzumachen, was die Anbieter:innen gemacht haben: Menschen anwerben (oder »anziehen«), sie zum Beispiel als Business-Coaches zertifizieren und ihnen beibringen, wie sie genau das Gleiche machen. Copycatting ist ein Resultat daraus, das oftmals übrigens sehr verdeckt stattfindet.

> Beim **Copycatting** wird die Duplikation genutzt, sodass Inhalte, die bereits auf Social Media zu finden sind, umformuliert als eigenes Expertenwissen, dargestellt in eigenen Posts ohne Quellenangaben oder Referenzen, verbreitet werden. Hier wird also für die Positionierung als Experte oder Expertin kein eigenes Wissen oder eigene Erfahrung wiedergeben, sondern das Wissen anderer Menschen genutzt.

Durch Copycatting soll – Zitat einer Business-Mentorin – »... es für jeden ohne Vorwissen möglich sein, sich ein eigenes Online-Coaching-Business aufzubauen«. Dass man aber eine:n Business-Coach:in wegen deren/dessen Expertise bucht und sich jeder die Inhalte auf Social Media selbst zusammensuchen könnte, wird dann völlig abgetan. Nicht selten fällt dann der Satz: »Alles Wissen ist heute verfügbar, die Leute bezahlen mich dafür, dass ich das Wissen durch meine Brille gefiltert habe und sie nicht selbst suchen müssen« – und das ist eine richtig gefährliche Botschaft, die einfach nicht stimmt und lediglich als Legitimation der eigenen Handlung bzw. Produkte dient. Denn ja, sehr viel Wissen ist heute irgendwie zu finden. Aber das heißt noch lange nicht, dass du dich wirklich damit auskennst und es auch sinnvoll anwenden kannst. Nimm mal das Beispiel Medizin, du kannst alles Wissen über Medizin nachlesen und auswendig runterbeten, wenn du aber nicht gelernt hast, wie man eine Operation durchführt und es wirklich immer wieder gemacht hast, bringt dir das Ganze einfach gar nichts. Oder denk mal an dich, wie viele Bücher oder Posts hast du schon gelesen, in denen Wissen steckte, bei dem du gedacht hast: Das muss ich unbedingt auch machen! Und dann überleg mal, wie viel du davon umgesetzt hast. Genau so läuft es auch in der Stillen Post. Nur, dass es eben nicht nur um das Nicht-Umsetzen geht, sondern auch einfach die Erfahrung der Anwendung fehlt.

Ein erfahrener Unternehmensberater und Geschäftsmann sagte mal zu mir: Die Firmen zahlen keine 3.000 Euro Tagessatz für das Wissen der Berater:innen, sondern für deren Erfahrung in der Anwendung des Wissens, die sie in den anderen Firmen gesammelt haben. Das trifft es so ziemlich auf den Punkt. Und hier sieht man oft eine Diskrepanz in der Bubble: Entweder fehlt es an Wissen oder an Erfahrung. Oder an beidem. Und da heute überall mit einem passiven Einkommen aus einem Onlinebusiness geworben wird, ist es natürlich sehr attraktiv, vorhandenes Wissen zu kopieren und daraus ein Business zu machen. Leider ist es zum Schaden von denen, die sich von diesem Content und toxischen Manipulationen überzeugen lassen, weil es auch oftmals nicht auf Anhieb ersichtlich ist und dann nach dem Kauf eines Kurses das böse Erwachen kommt. Da sind Kurse 1:1 von anderen Coaches kopiert (und ja, das ist ein riesiges Thema im Markt), oder es wird einfach richtig schlecht bis gar nicht abgeliefert, oder es stellt sich schnell heraus, das der/die Anbieter:in überhaupt keine Kompetenz und keinen Plan hat. Dass überall Content kopiert wird und so die gleichen Inhalte auf die ein oder andere Art und Weise immer wieder auftauchen, führt übrigens auch zu einer Verstärkung des Illusory Truth Effekts (siehe Seite 29).

Bei solchen Anbietern/Anbieterinnen findet man dann oftmals gar keine oder Knebel-AGB, dahinter Firmen, die in Zypern, VAE oder Panama angemeldet sind, die rechtliche

Schritte als auch das Durchsetzen von Geld-zurück-Garantien erschweren oder fast unmöglich machen.

Manchmal lassen sich die Anbieter:innen sogar unterschreiben, dass man einen solchen Kurs nicht als Verbraucher:in tätigt, sodass man keine Verbraucherschutzrechte hat und somit auch keine Widerrufsmöglichkeit. Bei solchen AGBs sollte man also unheimlich vorsichtig sein – und ich gehe auch so weit zu sagen, wer im Coachingbereich solche Klauseln nutzt, hat etwas zu verbergen. Zum Glück sind solche Anbieter:innen nicht die Mehrzahl – aber dennoch gibt es zu viele.

Warum aber ist das so? Wir leben in einer Zeit, in der sich viel auf Social Media verglichen wird, wo Geld im Überfluss vorgeführt wird. Ein Raum, in dem man überall sieht: Fülle, Money, finanzielle Freiheit, einhergehend mit einem Luxuslifestyle – von Kristalldildos über Vuitton-Taschen und Privatjets. Viele wollen dazugehören. Viele sehen diese Dinge und sehen gleichzeitig ihre Realität, die, wenn überhaupt, 1.500 Euro netto auf dem Konto und ihre vielen Sorgen und Probleme. Wie schnell glaubt man dann Menschen, deren Job es ist, dass du dich mit ihnen identifizierst, so sein willst wie sie und deshalb kaufst, was sie bewerben? Sie sprechen dich an, ihre Energie ist toll, sie lassen dich glauben, dass alles möglich ist. Das ist Influencermarketing Einmaleins. Nur eben mit »Wellnessfluencern«, wie sie so schön genannt werden.

Diese Anbieter:innen leben davon, dass sie anderen ihre Träume versprechen, die dafür ihre gesamten Ersparnisse plündern oder sogar Kredite aufnehmen, die sie meist nie zurückzahlen können. Gleichzeitig ist es aber auch so, dass ganz viele nur vorgeben »7-figures« zu verdienen, um damit

Leute in ihre Kurse zu bekommen, was aber zum Glück nicht immer erfolgreich ist.

Fake it until you make it

Eine der wohl beliebtesten Taktiken, die auch offen und ehrlich so gepredigt wird, ist das Vorspielen von Erfolg, um damit glaubwürdiger zu wirken. So werden für Fotoshootings alle möglichen Dinge gemietet, von Privatjets über Luxusautos und Handtaschen, um so auszusehen, als sei man erfolgreich. Auch bewusst viel zu hoch angesetzte Preise sollen genau eins bewirken: potenziellen Kunden und Kundinnen signalisieren: Schau hier, ich hab's geschafft, ich bin der beste Beweis dafür, dass meine Methoden funktionieren! Es muss übrigens nicht immer ein Privatjet sein, sondern die gleiche Methodik ist es auch bei Anbieter:innen, die vorleben, besonders happy, bubbly und shiny zu sein. Traumleben, Traumbeziehung, Traumhaus, alles läuft, alles ist super. Selbst das perfekte (stereotype) Leben aufgebaut. Toxische Positivität ahoi.

Dahinter steckt übrigens ein Prinzip, das sich am besten am Beispiel Sylt darstellen und mit den Worten eines wirklich geld- und erfahrungsreichen (oder eher wohlhabenden) Menschen wiedergeben lässt: »Wenn du mal nach Kampen schaust, dann siehst du dort so oft die ganzen offensichtlich Luxusmarkenversessenen, die allen zeigen müssen, was sie sich leisten können und wie viel Geld sie haben, oftmals mit geliehenen Sportwagen durchs Dorf knallen, sodass sie alle Aufmerksamkeit haben. Die wirklich Wohlhabenden triffst du aber beim Brötchenholen mit einem netten Schnack beim Bäcker in Keitum, vielleicht sogar in Flip-Flops und Hoodie, denen du nur an kleinen Details, und wenn du weißt, worauf du achten musst, ansiehst, dass sie wohlhabend sind. Zwar gibt es überall Arschlöcher, aber wer allen ständig vors Gesicht halten muss, wie viel Geld, Besitz und Reichtum er oder sie hat, der hat etwas in sich damit zu füllen. Wer wirklich reich, wirklich wohlhabend ist, egal mit was, der braucht es nicht an die große Glocke zu hängen.«

Der letzte Satz ist etwas, das mich bis heute immer wieder bewegt. Reichtum ist nicht gleich Geld. Reichtum gibt es in so vielen Facetten. Reich an Liebe. Reich an Beziehungen. Reich an Selbstreflexion. Reich an Freude. Reich an Empathie.

Aber um mal eine Parallele zwischen der Aussage und der Bubble zu ziehen: Ich kenne einige der »Millionaire-Coaches« persönlich. Von einigen dieser Menschen habe ich von der Pike auf das »Fake it until you make it« gelernt. Menschen, die vorgaben, finanziell extrem erfolgreich zu sein, dann aber regelmäßig ankamen und sich Geld leihen mussten, ihre Rechnungen nicht bezahlen konnten, Freunde/Freundinnen und Mitarbeiter:innen um Geld oder positive Bewertungen bitten mussten, teilweise sogar gerichtliche Mahnverfahren am Hals hatten – und trotzdem nach außen hin ein Bild des Erfolges gezeichnet haben. So wurde sich auch überall alles Mögliche für Shootings geliehen, von Uhren bis Autos - um bloß was darzustellen.

Die Theorie, die dahintersteckt, ist die Überzeugung, dass man ja schon eine gewisse Art von (finanziellem) Erfolg vorweisen muss, bevor die Leute einem glauben. Aber das ist nur bedingt wahr. Stell dir einmal vor, du kommst in ein Gym, um abzunehmen, und dein Fitnesstrainer wäre dick. Die meisten Menschen würden sagen: Der ist unfähig, mir beim Abnehmen zu helfen, und wenden sich dem durchtrainierten Muskelprotz zu. Was sie aber nicht sehen: Der dicke Fitnesstrainer war früher Leistungssportler, hatte eine Essstörung und war irgendwann gesundheitlich völlig am Ende. Heute is(s)t er gesund, hat diese Probleme nicht mehr, hungert nicht mehr und hat Frieden mit sich selbst geschlossen. Er hört auf seinen Körper beim Essen, ist nicht dogmatisch, verbietet nicht, treibt gesunden Sport, lässt sich beim Training von dem ganzen Bullshit der Fitnessindustrie mit ihren Anabolika und Tricks nicht blenden und arbeitet individuell, auf Augenhöhe und evidenzbasiert. Er besitzt mehrere Lizenzen und Ausbildungen, macht ständig Weiterbildungen. Viele seiner Kunden und Kundinnen sind langfristig ohne Hungern und exzessiven Sport ihren Zielen nähergekommen und drangeblieben.

Würdest du mit diesem Menschen arbeiten wollen? Oder lieber mit einem Fitnesstrainer, der muskulös und voll durchtrainiert und muskelbepackt ist, in Babyöl und bestem Licht Fotos auf Insta postet und supergute Bewertungen hat, die ihn alle total feiern, mehr vertrauen und ihn als kompetenter einstufen? Was du nicht siehst: Dieser Trainer hat eine Anabolikasucht. Ist essgestört. Hat eigentlich keine richtige Ausbildung. Die Bewertungen sind zum großen Teil gekauft.

Ich zeichne gerade diese extremen Beispiele, um dir zu zeigen, dass das, was man sieht (oder sehen soll) oftmals eben nur eins ist: bestes Licht und Babyöl. Es ist die Hochglanzvariante dessen, was sich gut verkauft. Und die, die ehrlich sind, haben oftmals, zumindest vom ersten Eindruck, die »Nachteile«, weil sie nicht so laut sind, zu wenig magische Versprechen machen, zu wenig Babyöl eben.

In der New-Age-Bubble gibt es das gleiche Problem. Die, die besonders herausstellen müssen, dass sie selbst das beste Beispiel für ihren Erfolg sind und an jeder Ecke beweisen müssen, dass sie es wert sind, sind oft die, die damit etwas füllen, von etwas ablenken, etwas verstecken wollen. Das hat manchmal die Gründe, dass keine Qualifikation vorhanden ist und daher andere Beweise hermüssen, um glaubwürdig zu sein. Manchmal müssen die Erfolge die hohen (utopischen) Preise legitimieren, und manchmal legitimieren die hohen Preise die Methode, dabei ist dahinter nur eins: heiße Luft. Oder zu viel Babyöl.

Die Testimonial-Strategien

Viele Methoden im New-Age-/New-Thought- und Coachingsektor werden sehr gern, wie bereits beschrieben, durch anekdotische Evidenz belegt, was nicht per se schlecht ist. Es kann durchaus helfen, Dinge greifbarer zu machen, aber auch eine gewisse Wirksamkeits- oder Machbarkeitserwartung zu produzieren, die dadurch entstehen kann, dass andere den Weg schon gegangen sind. Auch fällt es uns leichter, etwas zu machen, wenn wir wissen, dass wir mit einer Thematik nicht allein sind. Sie kann auch zur Verdeutlichung dienen und um Perspektive zu bekommen.

Wenn aber das ganze Geschäftsmodell ausschließlich auf Erfahrungsberichten beruht, und dies allein eine Methode oder ein Produkt legitimiert und als einziger Beweis dienen soll, wird es schon schwierig. Noch schwieriger wird es, wenn die anekdotische Evidenz nicht echt ist, aus anderen Motiven inszeniert wurde oder so gelogen ist, dass die Balken eigentlich brechen müssten.

Zu Beginn muss man sich bei Testimonials (bzw. Bewertungen) immer die Frage stellen: Sind es echte Bewertungen und echte positive Erfahrungen? Denn der Markt an Bewertungen ist voller Betrug, genauso wie sich manche Menschen selbst mit einem vermeintlich positiven Ergebnis belügen.

1. Fake-Bewertungen

Bewertungen/Testimonials lassen sich bestens faken. Entweder werden Freunde/Freundinnen gefragt, eine zu schreiben, oder es werden systematisch Fake-Accounts eingerichtet, die zum Pushen von Interaktion und für die künstliche Produktion von Testimonials genutzt werden. Über Agenturen werden sogar Bewertungen bzw. Testimonials bekannter als auch unbekannter Persönlichkeiten gekauft. Alle drei Dinge musste ich als Beraterin und Kommunikationsdesignerin für Coaches machen und umsetzen. Und ja, es ist etwas, worauf ich überhaupt nicht stolz bin.

2. Testimonial durch Druck

Viel zu oft werden Kunden regelrecht dazu genötigt, ein positives Testimonial abzugeben. Hier werden diverse Strategien angewendet, um den Kunden dazu zu bekommen. Dies lautet dann zum Beispiel so:

»Wir Frauen müssen uns doch gegenseitig unterstützen!«

»Wenn du keine guten Ergebnisse hast, liegt das nicht an der Methode, sondern daran, dass du in dir eine Blockade hast. Deshalb projiziere deine Probleme nicht auf mein Business und verwehre anderen durch deine negative Bewertung die Chance, ihr Leben zu transformieren.«

»Alle anderen habe auch positive Bewertungen abgegeben, willst du die Einzige sein, die das nicht macht?«

3. Glaubwürdigkeit durch positive Resonanz

Problematisch ist bei Testimonials, dass durch den anekdotischen Fehlschluss ein großer Schaden angerichtet werden kann, wodurch Erfahrungsberichte einzelner Personen einen höheren Stellenwert bekommen als wissenschaftliche

Evidenz. Insbesondere dann, wenn Testimonials auf unehrlichem Wege akquiriert wurden, kann es aus potenziell schädlichen Methoden ein Bild der Glaubwürdigkeit und positiven Effektes verschaffen. Dies wird auch noch mal durch die Anbieter:innen gefördert, indem Wissenschaft zum Beispiel als engstirnig oder veraltet betitelt wird, um so der anekdotischen Evidenz mehr Wertung zu verleihen. Der Trugschluss ist hier aber, dass Methoden viel zu oft durch (vermeintliche) Wissenschaft begründet werden (Beispiel: Quantenphysik, die Manifestation beweisen soll), aber wenn es dann um Evidenz geht, wird Wissenschaft niedergemacht. Hier wird sich also immer dessen bedient, was gerade den eigenen Standpunkt unterstützt – ein Confirmation Bias. Es werden nur die Informationen gesucht, die den eigenen Standpunkt bestätigen, und so wird alles andere ausgeblendet.

Confirmation Bias bzw. Bestätigungsfehler, Bestätigungsirrtum, Bestätigungstendenz bezeichnet in der Kognitionspsychologie die Neigung von Menschen, Informationen so auszuwählen, zu suchen und zu interpretieren, dass diese die eigenen Erwartungen bestätigen. Dabei werden Informationen ausgeblendet, die eigene Erwartungen widerlegen könnten, sodass man einer Selbsttäuschung oder einem Selbstbetrug erliegt. Dieser Confirmation Bias bewirkt etwa bei Entscheidungen, dass man nur nach jenen Gründen sucht, die die eigene Entscheidung bestätigen. Der Bestätigungsfehler ist ein wesentlicher Aspekt der selektiven Wahrnehmung.[9]

4. Der Druck, positive Ergebnisse und Erfahrungen zu haben
Durch meine Beobachtungen verschiedener New-Age-Communitys und auch durch Erfahrungsberichte, die mir zugegangen sind, ist mir etwas aufgefallen, was in einem anderen Setting wissenschaftlich bekannt ist: In einer Gruppe, in der viele Menschen außergewöhnliche positive Erfahrungen zu haben scheinen, neigen die anderen Menschen, die keine so positiven Erfahrungen/Ergebnisse haben dazu, so zu tun, als ob sie auch positive Erfahrungen/Erlebnisse hätten. Dieses Verhalten, dass Menschen, die andere Erlebnisse und Eindrücke als andere haben, sich der anderen Gruppe angleichen, kann man in Konformitäts-Experimenten[10] feststellen bzw. verfolgen. Hier gleichen Personen ihre Meinung oder ihr Verhalten der Mehrheit oder auch der Autorität an, um dazuzugehören – aus Angst vor Ausgrenzung.

Oft werden bewusst Personen angesprochen bzw. angeworben, die sich schon immer »anders« als andere gefühlt haben, Schwierigkeiten mit sozialen Situationen und keine starken Netzwerke haben oder vom Gesundheitssystem allein gelassen wurden. Dieses Netzwerk wird dann geliefert, die Peergroup. Und man tut natürlich viel, um etwas Dazugewonnenes nicht wieder zu verlieren.

Außerdem spielen hier sowohl der Placeboeffekt als auch klassische Konditionierung eine Rolle. Man ist durchaus fähig, durch Gedanken körperliche Reaktionen hervorzurufen, so auch bei vermeintlichen »Heilungen« und »übernatürlichen Erfahrungen«. Diese sind aber meist nicht von längerer Dauer bzw. halten nur so lange an, wie entsprechende Reize produziert werden, und haben ihre Grenzen. Aber es ist auch nicht alles Placebo.

> Der **Placeboeffekt** kennzeichnet das Ergebnis einer Untersuchung, wenn der Effekt ausschließlich durch die Erwartung der Wirkung zustande kommt. Jede Auswirkung auf das Verhalten, die durch die Verabreichung einer unwirksamen Substanz (Placebo) hervorgerufen wird, von der ein Versuchsteilnehmer jedoch glaubt, dass sie wirkt, wird auf den Placeboeffekt zurückgeführt.[11]

Manche Dinge verbessern sich auch einfach so, es bestand nur eine zeitliche Korrelation – also lediglich ein gleichzeitiges Auftreten ohne Zusammenhang. Es wird aber eine Kausalität, also ein Zusammenhang, zwischen den Handlungen und einem Ergebnis hergestellt. Es kann aber auch sein, dass sich, zum Beispiel durch Entspannung in einer Meditation, weil Stress abfällt oder auch durch einen veränderten Ort, Dinge ändern und verbessern. Es gibt so auch echte positive Erfahrungen.

> Die **klassische Konditionierung** ist in der Psychologie jene Form des Lernens, bei der ein Organismus Reize miteinander assoziiert. Es handelt sich daher um einen Prozess der wiederholten Kopplung eines neutralen Reizes mit einem unbedingten Reiz, wobei der ursprünglich neutrale Reiz zu einem bedingten Reiz wird, der eine bedingte Reaktion auslöst. Als Ergebnis dieses Lernprozesses zeigt sich ein neues bzw. geändertes Verhalten.[12]

Ich möchte dir ein Beispiel aus meinem Leben erzählen, und zwar das, mit dem dieses Buch angefangen hat. Ich habe ewig lang meditiert und manifestiert und war fest davon überzeugt, dass mein Ganglion am Handgelenk (eine Flüssigkeitsgefüllte Blase/Zyste unter der Haut) durch eine Meditation, weggegangen ist. Denn ich kam aus der Meditation, und dieses vorher zwei Zentimeter große Ding war weg. Also habe ich allen erzählt, dass ich mein Ganglion mit der Meditation geheilt habe. Ein paar Wochen später war es aber wieder da. Ich habe die Meditation wieder gemacht, aber es ging nicht weg. Irgendwann, ein paar Monate später, sitze ich beim Autofahren und habe plötzlich ein ekelhaftes Gefühl im Handgelenk, und zack, war es wieder weg. So leben mein Ganglion und ich nun seit Jahren, mal ist es da, mal geht es. Ich habe jetzt seit Monaten nicht mehr meditiert, und es ist wieder einfach so weggegangen. Hier habe ich also damals eine Kausalität (einen Zusammenhang) hergestellt, obwohl es nur eine Korrelation (also ein zufälliges gleichzeitiges Auftreten von Ereignissen) war.

Es gilt bei Bewertungen/Testimonials also genau hinzuschauen, auf welchen Voraussetzungen die Erfahrungen entstanden sind – so weit möglich. Vermeintlich unabhängige Plattformen wie Proven Expert, Trustpilot und Co mögen zwar erst mal vertrauenswürdig klingen, aber hier ist es mehr als einfach, Bewertungen zu faken – das habe ich für mehrere Kunden und Kundinnen machen müssen.

Wie das läuft? Das kommt immer auf die Plattform an. Bei einigen geht es ohne Verifikation des Kaufes, bei andern kauft man ein Produkt, bekommt das Geld dafür von den Anbietern/Anbieterinnen, es wird ausgelegt und dann später nach einiger Zeit zurückerstattet, oder ein Kauf wird von Anbietern/Anbieterinnen verifiziert. Zudem halten einige der Anbieter:innen ganz Fake-Profile mit unterschiedlichen Kundendaten. Das geht teilweise sogar so weit, dass mit Einmal-Kreditkarten von der Tankstelle und VPNs gearbeitet wird, oder aber sämtliche Familienmitglieder, Freunde und auch Freelancer sowie Mitarbeiter:innen dazu angehalten werden, ihre Daten dazu herzugeben.

Was ich unbedingt noch erwähnen möchte: Dir steht es übrigens völlig frei zu sagen, dass dir eine Wirkung auf Basis anekdotischer Evidenz reicht und dass das für dich eine Methode »legitimiert«. Jeder Einzelne kann und muss diese Entscheidung für sich treffen. Genau wie mit Homöopathie oder der eigenen Religion (ja, ich weiß, sehr weiter Vergleich, dennoch im Großen und Ganzen passend). Nur darf diese anekdotische Evidenz dann nicht als (mitunter sogar »wissenschaftlicher«) Beweis propagiert werden und anderen schaden.

Algorithmushacking

Algorithmushacking nutzt die Funktionsweise von Algorithmen und die Aufmerksamkeit der Betrachter:innen aus, sodass sowohl die gleichen Inhalte immer wieder gesehen werden, aber auch der Content durch den Algorithmus eher und vermehrt angezeigt wird. Es kann aber auch ein Hack sein, der zum Beispiel Empfehlungsalgorithmen inhaltlich manipuliert, was einen großen Impact, aber mitunter auch große Konsequenzen haben kann und definitiv einen informationstechnischen Background erfordert.

Bei Ersterem – und das ist sehr beliebt – wird immer wieder Content erstellt, der im Grunde den gleichen oder ähnlichen Inhalt hat, bloß anders (aber ähnlich) aufbereitet, und es werden gewisse Muster bedient, die dafür sorgen, dass

Content mehr Reichweite bekommt. Das ist je nach Algorithmus anders. Diese Funktionsweise muss man kennen, um den Algorithmus zu bedienen. Grundsätzlich geht es aber immer darum, dass von dem Content mehr angezeigt wird, der die Nutzer auf der Plattform hält. Das kann kontaktbezogen oder inhaltsbezogen sein. Insbesondere bei kontaktbezogenen Algorithmen ist daher das Netzwerk wichtig, was auch von vielen Anbietern/Anbieterinnen genutzt wird. Durch die Connection mit anderen (insbesondere innerhalb der eigenen Bubble) wird das Netzwerk und damit auch die Funktion des Algorithmus »gestärkt« – heißt konkret: Wenn man eine feste Gruppe an Menschen hat, mit denen man sich ständig repostet, teilt, speichert, kommentiert, Lives macht, »wachsen« die Communitys aneinander. Nebst dem Effekt, dass mehrere Menschen, die das Gleiche erzählen, auch noch mal eine psychologische Wirkung haben.

Die Thematik geht aber so tief, dass es ganze Blogs und Bücher füllen kann, deshalb möchte ich hier nur kurz auf die Art eingehen. Ziel ist es, den Algorithmus der Plattform zu verstehen und eigene Strategien so anzupassen, dass man den höchsten Output bekommt. Hier spielen so viele Faktoren eine Rolle, von Werbebudget über Wording, Reaktion, Uhrzeiten, tiefe Kenntnis der Zielgruppe etc.

Bei der zweiten Art von Algorithmushacking befinden wir uns in tief technischen und auch nicht mehr unbedingt so legalen Bereichen, denn hier geht es im Grunde um Betrug. Betrug mit Bewertungen und Empfehlungen, um das Ranking und die Empfehlungsrate zu verbessern. Hier werden meist über Fakeaccounts und Bots im großen Stil nicht nur Bewertungen, sondern auch Views, Viewdauer, Kommentare und Co künstlich produziert. Es kann sehr effektiv sein, kann aber auch nach hinten losgehen. Dennoch wird es gemacht, wenn auch in der Branche die meisten die erste Art nutzen (bzw. machen lassen).

Glaubwürdigkeit durch Bekanntheit und Medien

Viele der Anbieter:innen nutzen aus, dass Menschen aus gewissen Dingen automatisch auf Erfolge oder eher vermeintliche Beweise für Erfolge und auch Glaubwürdigkeit schließen. So haben insbesondere die »Bekannt aus«-Strategien unheimlichen Erfolg.

So sieht man immer wieder diese Streifen auf den Websites, die eine Liste an »offiziellen« Medien darstellen, worüber die Anbieter:innen bekannt sind – oder seien. Leider ist das nur mehr oder weniger so. Denn während über einige wirkliche redaktionelle Berichte vorhanden sind, sind es bei leider viel zu vielen lediglich gekaufte Webeplatzierungen, die auf den ersten Blick wie redaktionelle Artikel aussehen. Schaut man genauer hin, findet man zwar den Artikel von Anbietern/Anbieterinnen unter dem Namen und in dem Onlineformat wie zum Beispiel Focus oder Welt, stellt dann aber fest, dass es kein offizieller Beitrag von Redakteuren ist, sondern ein in der Kategorie Werbung auftauchender Artikel, für dessen Inhalt entweder die Anbieter:innen selbst oder entsprechende Dienstleister, die solche Artikel platzieren, verantwortlich sind. Meist sind solche Artikel dann eine absolute Selbstbeweihräucherung. Das »Bekannt aus« ist also sehr oft nur ein gekauftes Marketinginstrument mit genau einem Ziel: ein »fake it until you make it«, das manipuliert und Glaubwürdigkeit aufbauen soll, bis man dann bekannt genug ist, dass die Medien wirklich über einen schreiben.

Das sind übrigens die gleichen Gründe, warum auch Follower:innern gekauft werden: Die Menschen sehen Tausende Follower:innen und denken sich: »Wow, so viele Menschen können ja gar nicht falschliegen!« Dass es sich aber dabei um Bots und Fakeaccounts im großen Stil handelt, bekommen die wenigsten mit, denn dafür muss man erst mal Recherchen mit Fake-Follower-Check-Tools machen.

Deshalb:

»900k Follower«, »Bekannt aus«, »Tausende zufriedene Kunden«, »2 Millionen Umsatz«, »Zertifiziert« – all das ist nicht unbedingt ein Qualitätsmerkmal. Kann. Kann aber auch verdammt täuschen.

All diese Aussagen stellen einige Anbieter:innen in den Vordergrund, nur um damit glaubwürdig zu wirken. Denn wenn jemand als glaubwürdig und erfolgreich wahrgenommen wird, dann kauft man dessen Produkte eher. Und es gibt ja auch sehr viele, bei denen es wirklich ein Qualitätsmerkmal ist, weshalb es für die Anbieter:innen erstrebenswert ist. Leider steckt hinter diesen Aussagen viel zu oft toxische Manipulation. Manche werden gefaked, besonders gern die eigenen Umsatzangaben und die Anzahl der zufriedenen Kunden, wer soll es denn auch nachvollziehen können? Gerade wenn es im Ausland angemeldete Firmen oder Einzelunternehmen ohne Veröffentlichungspflicht der Jahresabschlüsse sind. Aber auch Titel und »Errungenschaften« werden gefaked oder für Qualitätsbeweise genutzt. Aber nur weil man einen Abschluss, eine gewisse Erfahrung, viele Follower oder eine Zertifizierung hat, bedeutet das noch lange nicht, dass man auch gut ist. Ein Titel, eine Errungenschaft an sich schützt nicht vor Fehlleistungen und sagt nichts über die Menschlichkeit, das Verhalten oder die Ansichten aus.

Was ich immer wieder betone: Die wirklich kompetenten Menschen und Anbieter:innen haben toxische Manipulation einfach nicht nötig (auch wenn sie trotzdem genutzt werden, weil es eben »so üblich ist« oder sie in die Richtung beraten wurden). Grundsätzlich gilt: Wer gute Arbeit leistet, wird empfohlen. Wer gute Arbeit leistet, bekommt echte gute Bewertungen, ohne die Kunden dazu zu zwingen oder Fake-Bewertungen zu organisieren. Wer gute Arbeit leistet, wird durch die qualitativ hochwertigen und für sich sprechenden Inhalte wahrgenommen und braucht keine leeren Floskeln. Wer gute Arbeit leistet, muss keine manipulativen Marketingstrategien verwenden. Gute Arbeit spricht für sich. Eigentlich.

Denn es gibt es Menschen, die gute Arbeit leisten, aber nicht wissen, wie Algorithmen funktionieren oder wie vernünftiges Marketing geht, und darunter leidet die Sichtbarkeit. Zusätzlich besteht die Problematik in den Algorithmen an sich, die auffälliges, lautes und »kontroverses« Marketing meist belohnen, weil es die Aufmerksamkeit der Nutzer:innen stärker bindet und für mehr Interaktionen sorgt – was für die Plattformen das Wichtigste ist. Natürlich kann man die genannten Sätze auch verwenden. Man darf zeigen, wer man ist, was man kann und was man erreicht hat. Ein gewisses Maß an Eigendarstellung ist okay und auch nötig

Woran erkennt man nun aber jemanden, der gut ist? Prüfe die Bewertungen. Prüfe diejenigen, die die Bewertungen gegeben haben. Prüfe den Bewertungsprozess. Das kannst du folgendermaßen machen:

Fange mit einer ausführlichen Recherche an. Hier hilft es zum Beispiel, den Namen der Anbieter:innen mit Zusätzen wie: »Scam«, »Betrug«, »Kritik« zu googeln. Es ist erstaunlich, wie viel man mit einer kleinen Recherche aufdecken kann. Dann gilt: Kaufe nur, was eine Testversion hat: Testzeitraum, Testcoaching. Das steht in den AGB, und gesetzlich haben Verbraucher:innen sowieso eine zweiwöchige Widerrufsmöglichkeit.

Sei wachsam! Hör auf deinen Verstand (heißt: Tätige keine Investitionen, die du dir nicht leisten kannst) und auch auf dein »echtes« Gefühl und bitte nicht auf die Stimme, die aus dem vom Marketing produzierten Mangel spricht und so tut, als wäre sie ein Gefühl, die ein besseres, schöneres, freieres Leben sieht, sondern höre auf die Bauchstimme, die dir sagt, hier ist was komisch (oder eben nicht). Und ja, auch dann, wenn alle anderen das Produkt mega feiern, vielleicht gerade dann. Wenn du Sätze hörst wie: »Jetzt noch schnell kaufen, bevor es zu spät ist«, »Deine letzte Chance auf ein erfülltes Leben – kauf jetzt« oder »Du bekommst diese 5 Module, die insgesamt im Wert von 100.000 Euro sind nur heute, nur in diesem Webinar für 15.000 Euro. Wenn du dir das nicht leisten kannst, hast du in deinem Leben was falsch gemacht, und dann musst du den Kurs erst recht kaufen« – dann renn! Das ist nämlich toxisch manipulatives Marketing at its best.

Achte auf die Qualifikation, dies umfasst die Ausbildung, die Erfahrung, die Fortbildung und die Prinzipien. Wenn dir etwas als zu gut, um wahr zu sein vorkommt, lass dir nicht einreden, dass das dein limitiertes Denken und deine Programmierung ist – denn meistens ist an deinem Bauchgefühl was dran. Stell dir ein Fragenset zusammen, das du die Anbieter:innen, mit denen du zusammenarbeiten willst, fragen möchtest – so kannst du herausfinden, ob sie zu dir passen.

Du kannst zum Beispiel nach Einstellungen zu gewissen Themen fragen, zu ihren Biasen, zu ihren eigenen Erfahrungen und wie sie dafür sorgen, diese nicht auf dich zu projizieren.

Du kannst auch fragen, was für Methoden sie nutzen, wo sie die gelernt haben und was ihre Grenzen sind. Du kannst nach Rückerstattungsrichtlinien fragen und was ist, wenn ihr innerhalb der Begleitung merkt, dass es nicht passt.

Frage dich: Was möchtest du gern über die Person wissen, der du dein Herz ausschüttest? Was ist dir wichtig, wie mit dir umgegangen wird? Was ist wichtig, für dich zu wissen, damit du dich sicher fühlst? Und auf Basis dieser Antworten kannst du dann Fragen stellen, die dir dazu einen Einblick geben. Du entscheidest dich immer für den Menschen dahinter, deshalb solltest du wissen, wer das ist. Du bist das Zentrum in der Begleitung, nicht dein Geldbeutel, nicht deine Begleitung, sondern du!

Im Kapitel »Ethisch handelnde Anbieter:innen erkennen« (ab Seite 189) findest du noch mal detaillierte Infos, worauf du bei der Auswahl von Anbietern/Anbieterinnen alles achten solltest.

Was gerade zusätzlich noch auf uns zurollt, ist eine Welle an neuen Medien in Form von Serien, Filmen und Content, die aus Glauben und persönlichen, kapitalisierten Weltanschauungen mainstreamfähige, Glaubwürdigkeit aufbauende Formate schaffen. So gibt es Streaminganbieter, die ein Mekka für Falschinformationen und »alternative Fakten« sind (Hinweis: Es gibt keine alternativen Fakten! Es gibt lediglich alternative Perspektiven, Glaubensrichtungen und Weltanschauungen, die gern als Fakten dargestellt werden, es aber nicht sind), und gleichzeitig aber durch die Art der Aufmachung eine gewisse Glaubwürdigkeit rüberbringen. Alles, was der Mensch öfter sieht, ohne andere Perspektiven zu sehen und zu haben, wird irgendwann in sein System aufgenommen und als wahr tituliert.

So spielen sowohl die Algorithmen, die dir das anzeigen, was du sehen willst, weil du viel mit ähnlichem Content interagiert und reagiert hast, eine unheimliche Rolle, als auch eine Welle an Filmen, Streamingcontent und Co, die eben eine einzige Perspektive vertreten und dies als die absolute Wahrheit darstellen. Die Inhalte sind teilweise so kontrovers, da Menschen mit Krebs von einer klassischen Behandlung abgeraten wird, weil es energetisch schwächen würde und so keine Heilung eintreten kann. Es werden Himbeeren als Krebsheilmittel dargestellt, und an jeder Ecke werden Hoffnungen und Versprechungen verkauft.

Wir wissen heute alle, was für einen Einfluss (insbesondere unbewusster) Medienkonsum auf uns haben kann. Wir können unzufriedener werden oder den Realitätsbezug verlieren und nur noch in dieser perfekten, geschönten Welt der Medien leben. Dennoch neigen wir dazu, etwas, das wir in Form einer Dokumentation oder auch im Filmformat online sehen, als wahrer einzustufen und dies auf uns und unser Leben zu projizieren. Das hat auch wieder etwas mit unseren Filtern zu tun.

> Das **retikuläre Aktivierungssystem**, kurz RAS, ist ein Teil des Gehirns, der dafür verantwortlich ist, unsere Aufmerksamkeit zu steuern und zu regulieren. Es hilft uns, uns auf bestimmte Informationen oder Aufgaben zu konzentrieren und ablenkende Reize auszublenden. Das RAS ist auch an der Integration von Informationen beteiligt, die wir aus verschiedenen Quellen erhalten, und es spielt eine wichtige Rolle bei der Entscheidungsfindung und der Bewertung von Situationen.

Das RAS ist im Grunde die Magie hinter Sätzen wie: »Ich sehe überall nur noch …« Oder eben auch hinter dem in der Szene so beliebten Satz: »Das ist ein Zeichen vom Universum.« Man achtet einfach drauf. Vorher gab es genauso viele von den Dingen, die man jetzt überall sieht. Man hat es nur unbewusst rausgefiltert und nicht wahrgenommen. Das nennt sich dann Baader-Meinhof-Effekt und gehört zu den kognitiven Verzerrungen.

Der Baader-Meinhof-Effekt, auch als »Frequency Illusion« oder »Recency Illusion« bezeichnet, ist eine psychologische Erscheinung, bei der eine Person das Gefühl hat, dass ein bestimmtes Wort, eine Person oder ein Ereignis plötzlich häufiger auftaucht, nachdem sie es zum ersten Mal wahrgenommen hat. Dies geschieht, weil unser Gehirn dazu neigt, neu gelernte oder besonders auffällige Informationen zu priorisieren und sie in unserem Gedächtnis zu verstärken. Der Baader-Meinhof-Effekt ist eine Art von Verzerrung in unserem Gedächtnis und wird häufig in der Werbung genutzt, um bestimmte Produkte oder Marken in unserem Gedächtnis zu verstärken.

Der Confirmation Bias tut dann sein Übriges, um diesen Effekt zu verstärken, sodass manche immer weiter in diese Bubble eintauchen und immer tiefer in den Kaninchenbau hinunterkriechen, während durch die Peergroup aus »Gleichgesinnten« jeder andere Weg verdeckt wird und sich gegenseitig endlos bestätigt wird. Manchmal nimmt das sogar so extreme Formen an, dass ganze geschlossene, sektenartige Communitys gebildet werden, die sich immer wieder selbst in ihrer Weltsicht bestätigen und sich komplett von der Außenwelt, insbesondere der Welt, die eine andere Meinung hat, abschotten. Es wird eine virtuelle oder eine psychologische Mauer gebaut, die angeblich vor den negativen Energien schützt, aber am Ende nur eins macht: indoktriniert und die Realität abschirmt, ausblendet und verleugnet. Und hier kann man dann auch meistens von einem Kult reden, insbesondere wenn andere Meinungen und Ansichten rigoros eliminiert und als falsch oder unerleuchtet dargestellt werden.

Künstliche Bedarfsproduktion

Es heißt, am Ende regelt der Markt den Bedarf. Was ich aber in dieser Bubble ganz klar einschränken würde: Viele Angebote in der Bubble decken nicht einen vorhandenen Bedarf, sondern sie schaffen ihn erst einmal künstlich, um ihn dann zu bedienen.

Die künstliche Schaffung eines Bedarfes ist ein sehr beliebtes toxisches Manipulationstool, um die eigenen Produkte zu verkaufen. (Hinweis: Produkte können sowohl physische Produkte als auch Dienstleistungen oder digitale Waren sein.) Hier ist der Kreislauf so, dass *erst* das Produkt da war und *dann* ein Bedarf geschaffen wird. Normalerweise ist es so, dass ein Problem/Bedarf identifiziert wird und dann eine Lösung (= Produkt) anhand der Kundenanforderungen entwickelt wird.

Bei der künstlichen Bedarfsproduktion ist die Problematik darin begründet, dass den Kunden und Kundinnen mehr oder weniger subtil bestimmte Probleme eingeredet werden, weshalb sie dann das Produkt als Lösung benötigen. Im Grunde ist das eine Form von Marketing-Gaslighting. Denn Ziel ist es, dass sich die potenziellen Kunden und Kundinnen entweder besonders schlecht oder besonders gut fühlen sollen (dies basiert auch wieder auf dem Innere-Antreiber-Modell).

Meistens ist es aber Ersteres, und das Besonders-gut-Fühlen wird dann mit der Wirkung des Produktes dargebracht.

So werden die potenziellen Kunden und Kundinnen Wochen und Monate im Voraus gezielt auf ein Produkt vorbereitet (was erst mal nicht unüblich und verwerflich ist). Hier läuft es aber so ab, dass künstliche Schmerzpunkte bei den Kunden und Kundinnen produziert werden, die dann mit dem Produkt gelöst werden. Kauft ein Kunde oder eine Kundin das Produkt dann aber nicht als »Schmerzlöser«, bleibt er/sie mit einem unguten Gefühl zurück.

Ich möchte das hier mal anhand eines Beispiels darstellen, damit es etwas greifbarer und das Ausmaß des Ganzen klarer wird: Ein Anbieter hat einen Manifestationskurs entwickelt, in dem er dir beibringt, wie du dir alles, was du dir wünschst, in dein Leben ziehen kannst, indem du es dir, in einer hohen Frequenz schwingend, beim Universum bestellst. Jetzt soll dieser Kurs verkauft werden. Der Anbieter muss also einen Bedarf schaffen. Die potenziellen Kunden und Kundinnen müssen also darauf vorbereitet und »kaufwillig« gemacht werden. Der Anbieter postet nun beispielsweise ständig Fotos, wie er in 5-Sterne-Restaurants essen geht, Bilder mit seinem geilen Sportwagen, sein Haus auf Hawaii und das Penthouse in New York. Er erzählt Geschichten, wie er sich von ganz unten nach oben hochgearbeitet hat. Er macht das Angestelltendasein nieder und gibt den Menschen ein richtig schlechtes Gefühl, dass sie es niemals zu irgendwas bringen werden. Er beleidigt die Menschen sogar. Dann folgen wieder Fotos von seinem Luxuslifestyle, Rolex, Businessmeetings, Privatjet. Dass das alles geliehen oder fürs Shooting gemietet ist, sieht ja keiner. Durch die Kooperationen mit anderen solchen Anbietern wird sich der Illusory Truth

Effekt zunutze gemacht. Es wird geteilt, gefeatured und reposted und zusammen etwas dargestellt – denn wenn andere das auch sagen, muss es ja stimmen. Dann werden die Menschen wieder niedergemacht, ihr »normales« Leben wird als einfach und »boring« betitelt.

Doch irgendwann kommt ein Wandel: Wenn du das nicht mehr sein willst, wenn du endlich besonders sein willst, wenn du endlich auch so ein geiles Leben führen willst, dann präsentiert der Anbieter/die Anbieterin die Lösung: Alle Learnings und Erfahrungen, das Erfolgskonzept, das schon Hunderte Menschen zu Millionären gemacht hat. Dazu noch ein paar (Fake-)Bewertungen und zack, kaufen die Leute. Weil sie sich auch gut fühlen wollen.

Das Ding ist: Viele hätten sich aber wahrscheinlich nie so schlecht gefühlt, wenn der Anbieter sie nicht so runtergemacht und hätte schlecht fühlen lassen. Dazu kam es nur durch seine überhebliche Selbstdarstellung, durch seine Inszenierung und das bewusste Schlecht-Machen dessen, was die Lebensrealität der Menschen ist. Der Fokus wird auf das gelegt, was man haben kann, und das, was man hat, wird schlecht gemacht. So entsteht eine Zielgruppe, die kauft, um sich besser zu fühlen. Und dabei wurden ihnen auch noch die Vorstellungen eines anderen Menschen, wie Erfolg, Glück und Freiheit auszusehen hat reingepredigt, damit dieser sich selbst bereichern kann, anstatt dass sie dazu ermutigt werden, ihre individuelle Interpretation dessen zu leben.

Manch eine:r mag nun sagen: Aber die Ziele setzt sich doch jede:r selbst! Und Ziele haben ist doch gut! Jein. Natürlich *kann* es sinnvoll sein, Ziele zu haben und auf etwas hinzuarbeiten. Es kann aber genauso sinnvoll sein, einfach mal im Moment zu leben und mit dem zufrieden zu sein, was man hat. Von allen Seiten wird dir vorgelebt, was du alles erreichen könntest (»… wenn du es nur genug willst!«). Es wird verbessert und optimiert, es geht um krasse Selbstverwirklichung und um ein ständiges, wahnartiges Streben nach mehr. Nichts ist mehr genug. Zumindest glauben wir das. Weil es uns an jeder Ecke vorgespielt wird. Und so sind unsere Ziele, Wünsche und Träume vielleicht gar nicht unsere eigenen, sondern die von Anbietern/Anbieterinnen, die damit Geld machen wollen.

Wir suchen verzweifelt nach Glück, während wir dabei den Fokus verlieren und nur noch auf etwas hinarbeiten, was andere uns so vorgelebt haben. Wir suchen und suchen, aber wir finden nichts. Denn wer sich immer auf irgendetwas in der Zukunft fokussiert, selbst wenn sie oder er stundenlang meditiert und versucht, das, was in der Zukunft sein soll, im Heute schon zu spüren (so predigen es die Lehren des New Age in Sachen Manifestation), der verliert den Fokus auf das, was im Jetzt ist. Auf die kleinen und großen, schönen und nicht so schönen Dinge, die das Leben zu etwas ganz Besonderem machen. Die das Leben lebenswert machen. Wer sucht, hat nicht.

KRANKE SYSTEME

Stereotype Rollenbilderverstärkung

Wenn man sich anschaut, welche Menschen von den Anbietern/Anbieterinnen als Zielgruppen gesehen werden, stellt man ziemlich schnell eines fest: Mit den meisten Angeboten in der Szene werden gezielt Frauen angesprochen. Das hat auf den ersten Blick folgendenden Grund: Studien haben herausgefunden, dass Frauen eher an Magie und das Übernatürliche glauben.[13]

Auf den zweiten Blick steckt dahinter aber etwas ganz anderes: Frauen sind gestresster, ihnen wird viel mehr Leistung abverlangt bei weniger Anerkennung im Vergleich zu ihren männlichen Kollegen, aber auch Mehrfachbelastungen durch Familie und Arbeit gehören dazu. Zusätzlich kommt noch ein hochrelevanter Punkt oben drauf: Frauen werden im Gesundheitssystem, also sprich bei Krankheiten, weniger ernst genommen und müssen auch mehr aushalten. (Das ist übrigens bei BIPoC ein ähnliches Problem.) Es liegt nicht daran, dass Frauen für die übernatürlichen, magischen, esoterischen oder spirituellen Themen offener sind, sondern weil es für sie oftmals der letzte Strohhalm ist.

Natürlich richten sich aber auch einige Angebote an Männer. In diesem Bereich war ich nicht so stark involviert, bis auf einen Kunden, dessen Dienstleistung es war, Männern zu zeigen, wie sie vom »Lauch zum Lover« werden, so das interne Wording. In den Angeboten für Männer werden oft Männerstereotype bedient, die sogenannten »Alpha Males«. Es geht um geil, geiler am geilsten. (Geliehene) Sportwagen, Frauen, Partys, muskelbepackt und in Babyöl marinierte Männer in Gyms, geliehene Rolex. Meist sind es Multi-Level-Marketing- (MLM-), Cryptotrading oder Investment-Kurse, manchmal aber auch Kurse, wie man Frauen rumbekommt und zum geilen Hecht wird.

Hier möchte ich den Fokus auf die sehr krassen Unterschiede, aber insbesondere die Stereotypisierung legen. Denn auf der einen Seite werden bewusst Frauen mit magischen Lösungen angesprochen, die nicht selten dazu empowern sollen, aus der »unterdrückten Rolle« herauszukommen. Hier wird an die weibliche Intuition, die Göttlichkeit der Frau und die weibliche Seite als besonders weich, nah, verletzlich und kraftvoll appeliert. Wohingegen Männer als die starke, (ver-)sorgende, erdende Seite dargestellt werden (und im Falle der Alpha-Males auch dargestellt wird). Das Ganze sieht aber nur nach Empowerment aus. Eigentlich bedient und verstärkt es patriarchale, stereotype Rollenbilder, in der die Frau immer in Abhängigkeit zum Mann bzw. dessen starke männlicher Energie steht, um »vollständig« zu sein.

Aber eben nicht nur die Alpha-Males stellen sich so dar, sondern auch die Männer, die sich selbst als »Leader« in der New-Age-Szene betiteln. Sie teilen die Welt auf in weibliches und männliches Prinzip und lassen oftmals ihre Männlichkeit durch die vorwiegend weiblichen Anhänger:innen feiern. Sie liefern also das, was das stereotype Bild ausmacht, und schärfen/verstärken dieses noch. Immer wieder erlebe ich es auf einschlägigen pseudospirituellen Workshops/Veranstaltungen, dass sich dort fast ausschließlich heteronormative weiße Menschen hinstellen und teilweise sogar offen diskriminieren mit Aussagen wie: »In den spirituellen Lehren der Welt gibt es nur Frau und Mann. Und Menschen, die verwirrt über ihr eigenes Geschlecht sind, sind einfach noch nicht spirituell erwacht.« Kein Scherz. Dabei werden gezielte Angebote gemacht für weiße Menschen, die über finanzielle Mittel (mehr oder weniger) verfügen und diese Angebote kaufen. Es ist ein den Kapitalismus bedienendes System, was so tut, als würde es die Erde und die Menschheit retten. Tut es aber nicht. Im Gegenteil. Statt echte Hilfe zu bieten, wird ein Konsumkreislauf geschaffen, der nur so tut, als würde er die Welt verbessern.

Das heißt konkret: Durch die Einteilung der pseudospirituellen Thesen in Mann und Frau und männliches und weibliches Prinzip werden stereotype Rollenbilder verstärkt und Abhängigkeiten geschaffen. Durch das bewusste Targeting, also das marketingmäßige Abzielen auf gewisse Eigenschaften werden so auch Gräben geschaffen. Frauen werden in eine weiche, intuitive Rolle gedrängt, die auf die Energie des Mannes angewiesen ist, um vollständig zu sein. Und Männer werden in die Rolle des starken, energetischen, kraftvollen Versorgers gedrängt. Nicht-binäre Menschen werden komplett ausgeschlossen.

So sieht man viele Frauen, die Goddess-Circle und Awakening-the-Goddess-Whatever-Journeys anbieten, wo es um die Stärkung der weiblichen Seite geht und ein stigmatisiertes, von der Gesellschaft als feminin angesehenes Bild zeichnen. Hier wird sich meist sexuell positioniert und »orgasmische Befreiung« mit Kristalldildos und Yonieggs zelebriert. Männer, die in ihrer männlichen Energie sind, werden angepriesen und gefeiert, weil die Frauen durch sie erst »vollständig« werden. Das ist nichts weiter als »sex sells« und grenzt eine Menge Menschen aus.

Nicht selten sind diese Frauen auch erst »erfolgreich« geworden, nachdem sie einen reichen Mann kennengelernt haben. Das hat aber eher mit dem finanziellen Background als mit dem Mann an sich zu tun und überhaupt nichts mit female empowerment, sondern ist genau das Gegenteil: Es schafft Abhängigkeit, vor allem was das Rollenbild betrifft. Auch wenn es kein Rollenbild der 1950er mehr ist, in der die Frau an den Herd gehört, ist es doch ein Rollenbild, das die schon von Kindheit an geprägten Rollenbilder von Frau und Mann bedient.

Ich selbst bin vor Kurzem Mutter geworden, und wenn ich so durch das Leben gehe, insbesondere in Kleidungsgeschäfte und Spielwarenläden, dann ist dort eins zu sehen: Für Mädchen gibt es Pink, devote Einhörner und Glitzer, für Jungs gibt es Blau, Bagger und Superhelden. Und dieses Bild wird von den Männern in der New-Age-Szene weitergezeichnet: Sie müssen erden, stark sein (stark sein kann auch emotional sein bedeuten), die Frau halten und auffangen – quasi der Superheld im spirituellen Sinne sein.

Die Männer der Branche sind diejenigen, die sich mit Physik, Epigenetik und den ganzen naturwissenschaftlichen Dingen befassen und die vermeintlichen Erklärungen liefern, wohingegen die Frauen wieder für das »nicht ganz so Sichtbare« verantwortlich sind. Und so werden Frauen, wenn wir uns den Ursprung des New Age noch einmal in Erinnerung rufen, immer noch in einem Rollenbild gefangen gehalten, was nach außen hin empowert wirkt, aber eigentlich nicht ist. Genauso werden aber auch Männer weiterhin in einem Rollenbild festgehalten.

Warum das so ist? Meine Vermutung ist, dass sich das Warum irgendwo zwischen »war schon immer so«, mächtigen und glaubensstarken weißen Männern, dem Patriarchat und unseren wirkenden gesellschaftlichen Systemen wiederfindet.

Spirituelles Burn-out

Es gibt in dieser Szene etwas, das sich »Spirituelles Burn-out« nennt. Von einem Kurs zum nächsten, in der Hoffnung, dass der nächste Kurs, das nächste Programm, das nächste Buch endlich die Versprechen hält und die Probleme löst. Dass man endlich erfolgreich und glücklich wird, frei von all den Belastungen und sich endlich die eigenen Träume erfüllen. Doch es passiert nichts. All die Werbeversprechen treten nicht ein. Es wird immer mehr und mehr Geld ausgegeben, und die Anbieter:innen sagen einem: »Du musst mehr in dich investieren! Du musst dem Universum zeigen, dass du es wirklich willst!«

Es wird immer mehr investiert, in der Hoffnung, dass es irgendwann genug ist und man es irgendwann wert ist. Aber es tritt keine Besserung ein, sondern vielmehr ein »spirituelles Burn-out«, was den Zustand beschreibt, in dem man sich in die Spiritualität flüchtet voller Hoffnung auf Besserung – welche aber nicht langfristig oder nachhaltig eintritt. Vielmehr fühlt man sich immer leerer, unzufriedener oder mangelhaft, man entfernt sich immer weiter von sich selbst und manchmal auch von den eigenen Träumen. Bis es irgendwann zu einer starken Dissonanz zwischen der Realität und den eigenen Wünschen kommt. Man wird immer unzufriedener mit dem eigenen Leben, die Freude geht verloren, man kritisieret sich selbst und zweifelt. Dennoch hält man weiter fest und kauft immer mehr, um diese innere Realität zu überdecken und eine Lösung im Außen zu finden, die einen rettet. Das Ganze zeugt dann nicht selten von einer Sunk-Cost-Fallacy und ist vom Marketing bewusst so aufgebaut.

Ich habe neulich bei *Krautreporter* einen ziemlich coolen Beitrag mit der Headline: »Tinder will nicht, dass du dich verliebst« gelesen. Diese Aussage lässt sich auch auf die Anbieter:innen in der New-Age-Bubble übertragen. Deren Geschäftsmodell lebt davon, dass es dir nicht gut geht. Sonst würde man ja nicht mehr kaufen. Genauso ist es mit Waschmaschinen. Sie sollen nicht mehr ewig halten. Das würde ja den Gewinn schmälern, weil die Leute weniger kaufen und weil man ständig neue Produkte und Technologien entwickeln müsste, was wahnsinnige Entwicklungs- sowie Marketingkosten verursachen würde. Und hier haben wir »das Übel« hinter allem gefunden. Es geht um Geld. Gewinnmaximierung liegt (fast) immer vor Menschlichkeit. Auch in der New-Age-Bubble. Vielleicht besonders da. Es soll dir alles ein bisschen helfen, es soll dir ein bisschen besser gehen, genauso viel, dass du dabei bleibst. Aber eben nicht genug, damit du nicht aufhörst zu konsumieren und zu kaufen. So gibt es kleine positive Momente, die als Verstärkung dienen, damit du dabei bleibst. Stichwort intermittierende Verstärkung.

> Durch die **intermittierende Verstärkung** wird ein bestimmtes Verhalten durch unvorhersehbare Belohnungen verstärkt. Dies führt dazu, dass ein Verhalten langfristiger bestehen bleibt. Soziale Medien nutzen zum Beispiel intermittierende Verstärkung, damit Nutzer:innen länger dabeibleiben bzw. immer wiederkehren.

Gesetze der Macht

In der Szene gibt es eine Standardlektüre, die »48 Gesetze der Macht« aufzeigt. Eine Sammlung ethisch extrem bedenklicher

Manipulationstechniken, um Macht zu bekommen. So wird zum Beispiel die Aussage »Menschen helfen und dienen« als eine der kraftvollsten Techniken dargelegt, um Macht zu erhalten. Darunter Techniken wie: Menschen in ständige Angst zu versetzen, sie von sich abhängig zu machen und sich wie ein Freund darzustellen, aber dabei eine eigene versteckte Agenda zu haben und sich wie ein Spion zu verhalten. Ich erinnere noch mal: Die genannte Lektüre ist eines der wohl meist gelesenen und empfohlenen Bücher in der Szene.

Ich sehe immer wieder Anbieter:innen, die mit ihren Produkten (nachweisbar) Millionen machen, sich in ein ethisch gutes Licht rücken wollen, indem sie spenden, viel kostenlos rausgeben, Ratenzahlungen oder Rabatte für Menschen in besonderen Situationen anbieten. Wenn man aber genauer hinschaut, ist das oft nur »Ethikwashing«: Marketingaussagen, die ethisch und am Gemeinwohl interessiert klingen, aber nicht gelebt werden, schon gar nicht konsequent. Spenden? Ohne nachvollziehbare Quittung. Kostenlose Inhalte? Aber nie was Konkretes, dafür musst du den Kurs kaufen! Ratenzahlung? Nur mit Aufpreis! Rabatte für Menschen in besonderen Situationen? Aber nur auf bestimmte Produkte und dann nur die günstigsten, und auch nur ganz limitiert. An erster Stelle steht hier ganz klar die Gewinnmaximierung, die Kalkulation. Das Problem ist nicht die Gewinnmaximierung, sondern die Darstellung: Sie wollen anderen helfen, machen aber alles, um sie unter Druck zu setzen, und betreiben »Scarcity-Marketing«.

> **Scarcity-Marketing** ist eine Marketingstrategie, die sich auf das Prinzip der Knappheit stützt. Dabei wird

> ein Produkt oder eine Dienstleistung als besonders begehrenswert dargestellt, indem die Verfügbarkeit eingeschränkt wird. Es wird vorgegaukelt, dass diese bald ausverkauft sein werden, um so den Kunden und Kundinnen Angst zu machen, etwas Wichtiges zu verpassen. Ziel des Scarcity-Marketings ist es, die Kundschaft zu einer schnellen Entscheidung zu bewegen, damit diese emotionale und keine rationalen Kaufentscheidungen trifft.

Anstatt zu sagen: »Hey, wir sind ein Unternehmen, wir machen das, weil wir davon leben, und es ist ein Geschäftsmodell.« Dann wäre es ehrlich. Aber so wird sich versteckt hinter Floskeln, die die Menschen eher kaufen lassen, weil »sie ja so viel für andere machen« – doch eigentlich machen sie hauptsächlich was für sich. Wichtiger Hinweis: Natürlich darf auch Geld verdient werden. Es geht nicht darum, dass alle Dienstleistungen fortan kostenlos sein sollten. Vielmehr ist die Ehrlichkeit und das konsequente Leben der Marketingbotschaften das Ziel.

Wenn es wirklich um die Menschen geht, müssen sich die Produkte wirklich an den Bedürfnissen der Kunden und Kundinnen orientieren. Es muss inklusiv gehandelt werden, das heißt, die Angebote müssten allen oder so vielen Personen wie möglich zugänglich gemacht werden; Preise und Handlungen müssten entsprechend gestaltet sein. Es muss transparent kommuniziert und es sollte sich anderen, ethischeren Marketinginstrumenten bedient werden. Kostenlose Inhalte müssten wirklichen Mehrwert bieten, und nicht als reiner Funnel dienen, in dem ständiges Upselling praktiziert wird.

> Ein **Funnel** ist ein spezifischer Kaufprozess, der eine Person durch eine Reihe von Schritten führt, um sie dazu zu bringen, ein bestimmtes Produkt oder eine Dienstleistung zu kaufen. **Upselling** ist eine Verkaufstechnik, die innerhalb des Funnels eingesetzt wird, indem einer Person, meist während eines kostenlosen oder niedrigpreisigen Angebotes ein höherwertiges oder zusätzliches Angebot unterbreitet wird, um den Verkauf zu erhöhen und sie dazu zu bewegen, weiter durch den Funnel zu gehen und zu kaufen.

Gerade in Funneln und beim Upselling finden sich häufig verschiedene Stufen von toxischen Manipulationen, die dafür sorgen, dass eine Person weiter durch den Funnel geht. Um mal einige Methoden zu nennen: Druckausübung, Angstanspielung, Wunschanspielungen, Hoffnungsmachen, Schmerzpunkte verstärken, Belohnungen, Knappheit produzieren. Das Ganze wird meist durch intermittierende Verstärkung erzeugt – eine verhaltenspsychologische Technik, die durch unvorhersehbare Belohnungen ein bestimmtes Verhalten, in diesem Fall das »Dranbleiben« und schlussendliches Kaufen, be- und verstärken soll.

Freie Entscheidungen, oder?

Wir leben in einem kapitalistisch geprägten System, das sich zwar gern freie Marktwirtschaft nennt, aber am Ende nicht durch den Bedarf und den Markt geregelt wird, sondern eben auch durch die »Spieler:innen« und ihre toxischen Manipulationen. Das hat dann nicht mehr ganz so viel mit Freiheit zu tun – und dieses System wird sich erst mal nicht ändern, und schon gar nicht, indem man in seinem stillen Kämmerlein Licht und Liebe verbreitet.

Ist es eine freie Entscheidung, wenn wir massiv zum Kaufen manipuliert werden? Meine ganz klare Meinung: Nein.

Ich erlebe auf meinem Instagramprofil immer wieder Menschen, die sagen: »Was interessiert es dich, was andere Menschen machen, jede:r ist doch für ihr/sein eigenes Glück und seine eigenen Entscheidungen verantwortlich!« Und ja, jede:r trifft eigene Entscheidungen, aber wenn diese Entscheidung in extremem Maße beeinflusst wurde und man in eine Entscheidung hineinmanipuliert wurde, ist es keine bewusste Entscheidung mehr, sondern eine Entscheidung, die einem von Anbietern/Anbieterinnen abgenommen wurde. Kann ein Produkt, das man gekauft hat, dann trotzdem irgendwie »helfen«? Klar. Aber es kann auch alles schlimmer machen:

Die Leidensgeschichten von Betroffenen, die regelrecht Opfer dieser Szene und Manipulationen wurden, enden immer wieder in psychischen Krankheiten. So berichten immer mehr Psychotherapeuten/Psychotherapeutinnen von Klienten und Klientinnen, die zu ihnen kommen, nachdem sie solche Kurse und Programme der Anbieter:innen mitgemacht und danach mit psychischen Folgen zu kämpfen haben. Manchmal direkt, manchmal indirekt bzw. zeitverzögert, wenn zum Beispiel Investments in Kurse über Kredite gedeckt wurden und zu finanziellen Sorgen führen, was irgendwann so belastend sein kann, dass es zum Beispiel zu Depressionen kommt. Oder aber auch, weil sie ermutigt wurden, bestimmte Kontakte zu beenden und eine Abhängigkeit zur Szene und den Anbietern/Anbieterinnen entstanden ist.

Oder der Druck und Psychoterror wurden so groß, dass es nicht mehr aushaltbar war.

Eine Followerin schrieb mir mal, sie sei von einer Coachin so fertiggemacht worden, dass sie danach in eine psychiatrische Klinik musste, weil sie nicht mehr leben wollte. Kein Einzelfall. Offizielle Zahlen gibt es hier aber nicht, denn viele trauen sich nicht, etwas zu sagen, aus Angst vor dem Echo.

Wie so ein Echo aussehen kann? Ich habe mal eine Umfrage auf meinem Profil gemacht (natürlich ist diese nicht wirklich repräsentativ, weil mir viele Kritker:innen der Szene und Menschen, die damit schlechte Erfahrungen gemacht haben, folgen), aber dennoch war es erstaunlich: Von 540 Teilnehmenden haben 22 Prozent angegeben, dass sie schon mal von ihrem Coach/ihrer Coachin attackiert, geghostet und/oder geblockt wurden, wobei die Option »attackiert« am häufigsten angegeben wurde. Zusätzlich kommt noch der Druck der Community dazu, wie ja auch damals in meinem Fall. So leiden viele einfach auch still vor sich hin.

Gesundheit ist ein Geschäft, das wissen wir mittlerweile alle. Insbesondere die mentale Gesundheit, für die erst in den letzten Jahren immer mehr Bewusstsein entstanden ist. Immer mehr Menschen suchen sich hier Unterstützung, finden sie aber nicht im Gesundheitssystem, weil es nicht genug kassenärztliche Therapieplätze gibt. Selbst bei Privatpraxen ist es manchmal schwer, einen Platz zu bekommen, und bringt einige Wochen Wartezeit mit sich – nicht zu vergessen aber vor allem eins: Die meisten Menschen können sich eine private Therapie einfach nicht leisten. Hier werden die Menschen teilweise jahrelang allein gelassen.

Ich berichte hier mal von meiner eigenen Situation: Einen Diagnostiktermin für ADHS oder Autismus zu bekommen?

Jahrelange Wartezeit. Mehrere Monate bei Privatpraxen. Akute Depression? Erstgespräch innerhalb von 4 Wochen, aber: »Einen Platz können wir Ihnen erst in ein paar Monaten anbieten.« Aus diesen paar Monaten werden dann selten die offiziellen, durchschnittlichen 22 Wochen, sondern Jahre. Ich kenne Menschen, die warten seit 28 Monaten auf einen Platz, bei mir selbst wären es eineinhalb Jahre gewesen, wenn ich mir die privat gezahlte Therapie nicht hätte leisten können. Da hilft auch nicht die Argumentation einer sehr bekannten Psychotherapeutin, die sagt, dass eine privat bezahlte Therapie nur eine Frage des Willens sei und die Leute einfach das Geld nur lieber in Konsumgüter stecken. Das ist nämlich ziemlich kurz gedacht und fernab jeder Realität. Eine privat bezahlte Therapie kostet im Schnitt monatlich um die 500 Euro. Ein Betrag, der für sehr, sehr viele Menschen nicht ansatzweise leistbar ist.

Deshalb ist es bei diesen Aussichten natürlich umso attraktiver zu glauben, dass eine energetische Reinigung oder ein Onlinekurs, der vielleicht einmalig 500 Euro kostet und Heilung verspricht und wofür es schon Tausende von Erfolgsgeschichten gibt, angeblich wirkt und hilft.

Buzzword-Clickbaiting

Buzzwords sind inflationär genutzte Begriffe, die gerade »in Mode« sind und sich an jeder Ecke finden. Sie werden benutzt, um die Aufmerksamkeit der Menschen zu erlangen.

»Trigger« ist zum Beispiel so ein Wort. Ein Trigger ist, im »psychologischen Sprachgebrauch« ein Auslöser, der die Erinnerung an ein traumatisches Ereignis wiederbringt, und einen starken Auslöser für die Person hat. Deshalb sind manche Menschen auch hochallergisch auf die inflationäre

Nutzung des Wortes. Es gibt aber auch die Bedeutung, dass ein Trigger eben einfach ein Auslöser sein kann. Im IT-Umfeld ist zum Beispiel sehr häufig von Triggern die Rede – sie haben eine eher technische Relevanz, sind Reaktionspunkte, durch die gewisse Dinge ausgelöst werden.

> **Trigger** ist ein ursprünglich allgemeiner und vor allem technischer Begriff für Ereignisse, die eine Reaktion hervorrufen, ohne dabei genau zu wissen, wo dieses Ereignis herrührt. In der Psychologie spricht man dabei auch von Schlüsselreizen, bei denen es sich um zumeist angeborene Reaktionen auf Reize handelt (angeborene Auslösemechanismen). Es gibt jedoch auch Trigger, die erst gelernt werden müssen, insbesondere das Erkennen von Gefahrensituationen, die manchmal durch Prägung in bestimmten sensiblen Lebensphasen ausgebildet werden. Manche der erlernten Schlüsselreize sind jedoch oft schwer von angeborenen Schlüsselreizen oder konditioniertem Verhalten zu unterscheiden. Der Begriff Trigger wird oft im Zusammenhang mit posttraumatischen Ereignissen verwendet, wenn es darum geht, Sinneseindrücke zu kennzeichnen, die Erinnerungen an alte Erfahrungen in akuter Form wecken, als ob diese Erfahrung jetzt unmittelbar gemacht werden würde.

Bei der inflationären Nutzung des Wortes wird es in zwei Punkten problematisch: Zum einen triggern einige

Anbieter:innen ihre Kunden und Kundinnen bewusst, in dem vollen Wissen, dass Traumata dahinterliegen könnten. Anbieter:innen, die selten eine psychiatrische/psychotherapeutische Ausbildung haben. Trauma gehört zu den psychischen Erkrankungen, und ohne eine Heilerlaubnis dürfen diese Menschen *nicht* behandelt werden, es wird aber trotzdem immer wieder gemacht. Einige finden dort allerlei Workarounds, andere wiederum wissen es nicht oder sie interessiert es nicht.

Die zweite Problematik ist, dass durch die inflationäre Nutzung einerseits eine Verharmlosung des Wortes stattfindet, was für alle Betroffene ein Schlag ins Gesicht sein kann und es andererseits aus rein marketingmäßigen Absichten passiert. Das heißt, hier geht es nicht um den Menschen, sondern um Clicks, Engagement und Algorithmen. Wann immer ein Buzzword genutzt wird, wirkt sich das meist positiv auf die Reichweite aus – und das liegt in der Natur des Wortes – sonst wäre es kein Buzzword.

Sucht nach Spiritualität

Spiritualität ist zur Droge geworden. Eine Droge, die abhängig gemacht hat nach positiver Energie, hoch schwingen, gut fühlen und alles Negative wegschieben. Dazu muss man auch sagen: Die ganzen Angebote, egal ob Kurs, Buch oder »Masterclass«, mit all ihren Versprechungen können durchaus zu einem gewissen Grad helfen. Sie geben ein kurzes Gefühl von Glück oder Erfolg, zum Beispiel durch Spiritual Bypassing, in dem die Realität ausgeblendet wird und man sich in einen Wunschzustand verliebt. Das Ganze ist wie das Drogenhigh, nach dem man konsumiert hat. Statt einer Line zieht man sich die 5D-Meditation rein, um Fülle zu fühlen – und wie geil fühlt sich das an, endlich erreicht zu haben, was man sich immer schon wünschte. Leider hält das nur kurz an, denn sobald man aus dem »Traum« erwacht, haut die Realität rein – man stürzt ab. Also wird mehr und mehr konsumiert, damit das High bleibt.

Die Anbieter:innen haben hier auch eine tolle Erklärung dafür, warum man immer weiter konsumieren muss: Man muss sich neu programmieren, um wirklich zu der Person zu werden, die man sich so sehr wünscht, indem man das jeden Tag lebt. Du wirst abhängig gemacht. Diese Aussage ist übrigens ein totaler Trugschluss, denn wenn du schon der Mensch bist, der du sein möchtest, bräuchtest du es dir nicht manifestieren. Aber das sieht man halt nicht, weil man energetisch so gepusht wird und das rationale Gehirn bewusst ausgeschaltet wird von den Anbietern/Anbieterinnen: emotionale Entscheidungen anstatt rationale.

Und du wirst süchtig. Süchtig nach dem High, süchtig nach der Droge der Pseudo-(New-Age-)Spiritualität, die sich zwar so nennt, aber eigentlich eine abhängig machende Geldmaschine für die »Dealer:innen« ist. Geben manche Sachen Halt und Sicherheit? Klar. Solange du dabei bleibst, solange du konsumierst, solange du glaubst und die Realität weiter ausblendest.

Viele der Anbieter:innen sind selbst dort reingerutscht, abhängig geworden von den Überzeugungen und ultimativen Wahrheiten, die Erklärungen für das Unerklärbare und Sicherheit in der Unsicherheit liefern. Und so wurden ganz schleichend die Konsumenten/Konsumentinnen zu Dealer:innen einer Droge, die aus Hoffnung Profit und so abhängig macht, dass sie genau das Gegenteil bewirkt. Sie macht am Ende viel zu oft unglücklicher, unzufriedener, schadet finanziell, psychisch und in manchen Fällen sogar körperlich. Also bleibt man lieber dabei und flüchtet lieber in die Welt, in der man alles unter Kontrolle hat, als sich einzugestehen, dass man süchtig war nach einer Droge namens (New-Age-)Spiritualität.

Anbieter:innen sind mitunter so auch auf einer ganz subtilen Ebene abhängig von ihrem Geschäftsmodell. Sowohl psychisch als auch finanziell. Einnahmen, Anerkennung, sich besser fühlen, weil man ständig im spirituellen Bypassing ist und hohe Energie lebt – all das wirkt wie eine echte Droge. Auch hier wird die Toleranz immer größer und man braucht mehr. Es ist also nicht immer böse Absicht, was Anbieter:innen machen, sondern manchmal auch bei ihnen eine Sucht, die außer Kontrolle geraten ist.

Selbsttherapie, Herzensbusiness, Side Hustle

Wenn wir uns die Anbieter:innen-Landschaft anschauen, muss hier zunächst in drei unterschiedliche Gruppen unterschieden werden: In die, die über ihre Arbeit eine Art Selbsttherapie betreiben; die, die ihr Herzensthema und ihre Message in die Welt bringen möchten, um damit anderen Menschen helfen zu wollen und/oder sich ein zweites Standbein aufbauen wollen; und die, die durch andere, zum Beispiel ein Business Coaching oder Social Media überhaupt erst Coach:in werden wollen, weil es ihnen als lukratives Geschäftsmodell dargestellt wurde.

Team »Selbsttherapie«

Hier finden sich Anbieter:innen, die meist selbst psychisch belastet sind oder sich in schwierigen Phasen des Lebens befinden und daraus ein Businessmodell gemacht haben, in dem sie das, was sie selbst gerade brauchen, posten, teilen und sogar coachen. Das Prinzip ist: »Ich verstehe, wie du dich fühlst und bin schon einen Schritt weiter als du, deshalb weiß ich genau, was du brauchst, und kann dir sagen, wie man das löst.«

So finden sich hier oft Kunden/Kundinnen, die sich in der gleichen Position befinden und aus dem Content etwas für sich mitnehmen. Die Problematik hier ist, dass es eigentlich die Dynamik einer Selbsthilfegruppe hat, aber die Anbieter:innen, obwohl sie selbst eigentlich Hilfe bräuchten, andere in genau diesen Themen coachen. Sie geben dann das wieder, was sie sich gern wünschen würden oder gewünscht hätten, und projizieren dadurch eine Menge auf die Kunden und Kundinnen. Oftmals haben diese Anbieter:innen keine Coaching-relevante Ausbildung oder eine »pseudozertifzierte« Ausbildung von anderen Coaches. So fehlt es oft an Hintergrundwissen, Verständnis über die Tragweite der eigenen Handlungen und grundsätzliche Rahmenbedingungen von Coaching. Es werden Grenzen überschritten, es wird ent-validiert, projiziert, gegaslighted, geschlussfolgert und übergeneralisiert. Mit einer gesunden Coach-Klienten/Klientinnen-Beziehung hat das meist nicht sonderlich viel zu tun. Natürlich ist es aber auch so, dass die eigene Erfahrung sehr wichtig sein kann und es für Klienten/Klientinnen sehr wertvoll sein kann, wenn bei Anbieter:innen Verständnis herrscht. Erfahrung allein reicht aber nicht, es wird auch Fachwissen benötigt. Zumindest dann, wenn es um die Psyche von Menschen geht.

Team »Herzensbusiness«

Anbieter:innen in diesem Bereich starten anfänglich mit ihrem Herzensthema und möchten sich damit gern etwas aufbauen. Vielleicht weil sie gehört haben, dass es mehr Menschen braucht, die ihr »Licht mit der Welt teilen«, mit ihrer »Botschaft rausgehen« müssen oder einfach ein Thema haben, was sie sehr bewegt und sie nach Wegen suchen, dieses zu verbreiten, meist auch, um aus einer Anstellung herauszukommen.

So fangen sie an, über das Thema zu posten, einige haben keine Coachingausbildung, andere machen eine »pseudozertifizierte«, nicht offiziell anerkannte Ausbildung bei anderen Coaches, und wieder andere machen dann eine von Verbänden oder staatlich anerkannte Coachingausbildung. Die meisten finden sich jedoch in den ersten beiden Punkten wieder, und hier schlägt auch oft genug die volle Wucht des unregulierten Anbietermarktes zu, denn es gibt dort Ausbildungen, die zwar expertenmäßig klingen, aber das war es dann auch.

Vor Kurzem fand ich eine »Ausbildung« zur diplom-psychologischen Energetikerin, deren Absolventinnen dann Traumaarbeit machen. Bei ihnen klang alles ganz toll: »Diplom«, »psychologisch« – der Geist assoziiert sofort: Studium und Abschluss als Diplom-Psychologe/Diplom-Psychologin. Leider falsch, denn auch hier wurde sich einfach nur an Worten bedient, um unbelegte Methoden mit Elementen der Chakrenlehre zu kombinieren ohne irgendeinen Bezug zur wissenschaftlichen Psychologie. Die Absolventen und Absolventinnen leben aber, genauso wie die spätere Kundschaft, in dem fatalen Glauben, dass diese Zertifizierung ein echtes wertvolles Diplom sei und sie damit Menschen psychologisch beraten könnten.

Wer nun denkt, dass es sich dabei um eine Seltenheit handelt, den muss ich leider enttäuschen. Ich habe in den letzten 12 Monaten angefangen, eine Tabelle anzulegen, in der ich solche Anbieter:innen mit ihren »zertifizierten« Ausbildungen, den Namen, Abschlüssen, Inhalten und Qualifikationen dokumentiere – diese Tabelle umfasst mittlerweile über 500 Einträge. Wenn ich mehr Zeit hätte, könnte man wahrscheinlich noch eine 0 dranhängen. Kleiner Funfact am Rande: Sie trägt den Arbeitstitel »Tabelle des Grauens«.

Team »Side Hustle«

Nun geht es um die Menschen, die Coaching, ohne auch nur die leiseste Ahnung davon zu haben, als lukratives Geschäftsmodell sehen (oder aufgrund einschlägiger »Business Coachings« und diverser Onlineprofile zu diesem Schluss gekommen sind) und es entsprechend für sich aufbauen. Hier findet man meist weder Licht noch Liebe, sondern Anbieter:innen, die von Motivationssprüchen über MLM (Multi-Level-Marketing – siehe hier auch Kapitel »Die vielen Gesichter des Social Engineerings«, ab Seite 127) und Ernährungscoaching (meist auch MLM) bis Finanz-, Crypto- und Immobiliencoaching anbieten. Es geht darum, mit minimalstem Einsatz den maximalen finanziellen Output zu kreieren. Es geht um Geld, Geld, noch mehr Geld und Status. Um das zu bekommen, ist in den meisten Fällen jede Werbebotschaft willkommen, die mehr davon bringt. Egal wie manipulativ oder falsch sie ist. Dabei ist der Markt mittlerweile so unübersichtlich, und es geht in 99,9 Prozent der Fälle um die reinste eigene Beweihräucherung und (finanzielle) Bereicherung. Auch wenn die Werbebotschaften alle toll klingen:

- »Mit 2 Stunden Arbeit am Tag im Monat das verdienen, was du sonst in 40 Jahren Angestelltendasein verdienen würdest.«

- »Nebenbei ganz ohne Aufwand reich werden.«
- »Investieren statt arbeiten und nur maximal 1 Prozent Steuern zahlen wie die Superreichen.«
- »Geld für dich arbeiten lassen, anstatt für Geld arbeiten.«
- »Anderen Menschen beim Abnehmen helfen und in 6 Monaten die erste Million verdienen.«
- »Hilf anderen, erfolgreich zu werden, und werde dadurch selbst erfolgreich.«

Gleichzeitig findet ein krasses Bashing von Angestellten statt, sodass sich Menschen in Anstellung unheimlich schlecht fühlen. Das sollen sie auch, da den Anbietern/Anbieterinnen sonst irgendwann »der Nachschub« ausgehen würde.

Innerhalb dieses Bereiches gibt es bei den Themen Finanzen, Crypto und Investment auffällig viele männliche Anbieter, während sich in den »klassischen« MLM-Bereichen wie Kosmetik, Abnehmprodukte, Nahrungsergänzungsmittel usw. üblicherweise ein sehr großer Frauenanteil findet.

Ich habe fast 7 Jahre als Partnerin und auch auf Kommunikationsseite in Führungsposition für MLM-Firmen gearbeitet. Das hat mir Einblicke ermöglicht, die unheimliche Parallelen zur New-Age-Bubble und Coachingszene aufweisen. Gleiche Wirkungsprinzipien, Marketingtechniken, Workarounds und Psychotricks. Das machen sich viele der Anbieter:innen in der Szene auch zunutze. So sind die New Age Communitys ein lukratives Netzwerk, das wie ein Inkubator für MLM-Partner:innen fungiert – und andersherum ebenfalls. Und weil es so ein »Riesending« ist, hat die ganze Thematik ein eigenes Kapitel bekommen (vgl. Kapitel »Die Gegenseitige ›Befruchtung‹ von MLM und New Age«, ab Seite 139).

Die wenigsten werden erfolgreich

Jetzt ist es so, dass die, die gern mit ihrem Herzensbusiness losgehen, meistens erst mal nicht sehr erfolgreich damit sind. Es sind Menschen, die für ein Thema brennen, die mitunter sogar eine Fachkompetenz auf ihrem Gebiet haben, aber kein Wissen über die Funktionsweise von Social Media, Technik oder Marketing haben. Vielen fällt es schwer, überhaupt ihr Angebot zu formulieren, geschweige denn, damit rauszugehen oder dies dann auch marketingmäßig und technisch erfolgsbringend umzusetzen.

Meistens fehlen auch die zeitlichen, finanziellen und/oder psychischen Ressourcen, das alles umzusetzen oder umsetzen zu lassen. So sieht man immer wieder Profile mit tollen Inhalten, die aber gerade mal 300 Follower:innen und 10 Likes pro Beitrag bekommen. Das liegt aber an der Art und Weise, wie soziale Medien und Marketing funktionieren. Kennt man sich da nicht aus, versteht man nicht, wie man den Algorithmus und die Zielgruppe bedienen muss, bleibt eben der Erfolg aus. Und ja, Follower:innen sind zwar nicht alles, aber das Profil braucht eine gewisse Größe und Reichweite an interessierten Personen, damit sich damit Geld verdienen lässt.

So sind gerade spirituelle Menschen ein gefundenes Fressen für die Anbieter:innen, welche dann Business-Coachings anbieten, die eine magische Lösung für ein erfolgreiches Business versprechen und manchmal nichts weiter vermitteln, als dass man sich alles, auch seine Wunschkunden, übers Quantenfeld magisch anziehen kann und sich Algorithmen »ummanifestieren« kann. Kein Scherz. So gibt es Quantenmarketing, Quantenleaps, Quantenmanifestation, Quanten-XYZ. Hauptsache es klingt neu, besonders und irgendwie für Laien wissenschaftlich.

So wird Halbwissen oder erfundenes Wissen von »Business Coaches« immer wieder weitergegeben. Bleibt der Erfolg dann aus, wird es auf die Eigenverantwortung des Einzelnen geschoben, dass die Kunden und Kundinnen es nicht genug wollen würden, noch negative Glaubenssätze und andere Blockaden tief in sich hätten und diese müssten dann erst einmal aufgelöst werden – hier findet wieder trickreiches Upselling statt. So wird wieder abkassiert, und wieder und wieder und wieder. Es werden immer mehr und neue Probleme geschaffen. Am Ende werden die meisten nicht erfolgreicher, sondern einfach nur ärmer. Denn man kann sich den Algorithmus genauso wenig manifestieren, wie man sich das Finanzamt wegmanifestieren kann.

Hier möchte ich dir gern die Geschichte von Anna erzählen, einer meiner Followerinnen:

»Ich habe ein Programm bei einer Anbieterin gekauft, die völlige Business-Transformation in 6 Tagen durch einen Quantum Leap versprach. Ich habe mich irgendwie mit ihr identifiziert, weil es so viele Parallelen gab und sie immer wieder gezeigt hat, wie sie es geschafft hat, und habe deshalb gekauft. Damit war ich erst mal 2222 Euro ärmer. Der Kurs war der absolute Reinfall, zusammengeschnitten aus irgendwelchen Live-Videos, und es wurden keine Live-Sessions abgeliefert. Nach der Beschwerde hieß es dann, dass das ja nie gesagt wurde und wenn man Live wollte, man den teuren Kurs (8888 Euro) kaufen muss. Was in meinem Fall auch nötig sei, weil meine Energie so schlimm sei, und sie würde sich nicht wundern, dass es mir so schlecht geht, wenn ich andere Frauen niedermache. So kann ich gar nicht erfolgreich werden mit meinem Business, ich muss erst mal meine eigenen Themen heilen. Ich habe dann – blöd wie ich war – den andern Kurs gekauft, auf Raten. Sie versprach mir, dass ich die Raten nach kurzer Zeit auch wieder

drin habe, wenn ich dem Universum das zeige und hoch genug schwinge, ein Zeichen dafür sei das Investment. Muss ich sagen, dass der Kurs nie beendet und vollständig abgeliefert wurde und ich nie mein Geld zurückbekommen habe?«

Algorithmen, Marketing, Sales und Marktprozesse zu verstehen, seine Zielgruppe zu recherchieren und zu kennen, Testläufe zu machen, sich Feedback einzuholen, sich zu reflektieren, sich eine Website aufbauen und zu pflegen, zeitliche Ressourcen zu investieren, neue Skills zu lernen – das klingt eben nach Arbeit. Ist es auch. Aber die magische Lösung klingt eben einfacher. Schließlich sieht man ja auch die Beweise, weil es ja bei den anderen funktioniert. Dass das aber oft nur nach außen hin so scheint oder auf einem ausbeutenden, toxisch manipulierendem System beruht, wird leider gut versteckt.

So schlittern die Menschen in eine Welt, in der sie glauben, dass die Dinge so laufen, wie sie eben laufen. Investieren immer mehr in magische Lösungen, die das Blaue vom Himmel versprechen, anstatt solide, fundiert und mit Struktur an die Sache heranzugehen. Deswegen bleiben die meisten auch wenig erfolgreich. Es existieren so viele Mythen, aber auch vermeintliche »best practices« im Markt, die garantiert erfolgreich machen sollen. So läuft es aber nicht. Viele Menschen sind auch einfach nur noch genervt von den aggressiven Marketingtaktiken, dennoch wird gekauft, weil teilweise ein unfassbarer Druck gemacht wird. Einige sagen sogar, dass sie nur gekauft haben, damit sie endlich Ruhe haben – was natürlich dann nicht der Fall war.

Bei denen, die schon eine gewisse Followerzahl haben, ist die Glaubwürdigkeit höher als bei Menschen, die nur 300 Follower:innen haben. Somit werden auch gern mal

Fake-Follower:innen gekauft, denn die meisten machen sich nicht die Mühe, die Profile über entsprechende Fake-Follower-Tools, die online auch teilweise kostenlos verfügbar sind, zu checken. Die meisten schauen nicht, ob die Like- und Kommentar-Anzahl zu der Followerzahl passt und wie hoch die Engagementrate ist. Ich erlebe immer wieder Businesscoaches, die 20k-30k-Follower haben, aber gerade mal 60 bis 90 Likes auf ihren Bildern und 10 Kommentare – wenn überhaupt. Da stimmt ganz einfach etwas nicht. Das schauen die meisten aber eben nicht nach, und genau auf diese zielen die Anbieter:innen auch bewusst.

New Age oder Nigerian Letter Scam?

Das ist übrigens das gleiche Prinzip wie bei den sogenannten »Nigerian Letter Scams«. Hierbei erhält man von einem nigerianischen Prinzen, Politiker, Business-Mann oder Ähnlichem eine E-Mail, in der erklärt wird, dass sie einen Bankaccount im Ausland benötigen, um Geld zu transferieren. Dafür würde man eine Kommission bekommen, die manchmal sogar mehrere Millionen beträgt. Antwortet man darauf, ist der wichtigste Schritt bereits passiert, danach ist alles nur noch Manipulation. Denn wer antwortet, braucht offenbar verzweifelt Geld und ist dadurch gutgläubig bis naiv, was einen offener für Manipulation macht. Man wird oft sehr eloquent umgarnt, es werden Dokumente von Pässen bis Bankstatements hin- und hergeschickt. Irgendwann muss dann eine Summe auf das Konto der Scammer überwiesen werden, um sich zu verifizieren, manchmal bekommt man sogar Fake-Zahlungen zur Verifizierung von ausländischen Banken, was später zurückgebucht wird oder nicht nachverfolgbar ist. Tätigt man dann die Zahlung auf die Konten der Scammer, verschwinden sie auf Ewigkeiten, und man sieht sein Geld nie wieder. Tut man es nicht, werden sie teilweise hoch aggressiv, man wird unter Druck gesetzt, beschimpft und es wird gedroht. Nicht zu vergessen: Diese Scammer besitzen sämtliche persönliche Daten, Ausweisdokumente und Bankdetails.

Genau so läuft es mit einigen Scammern in der Bubble, auch wenn sie erst nicht so aussehen. Erst umgarnen sie einen, locken mit Geld, Glück und Erfolg. Wenn man anbeißt, und beispielsweise eines der kostenlosen Webinare bucht, wird man dort exzessiv beworben, es wird einem geschmeichelt, es wird weiter das Blaue vom Himmel herunter versprochen. Dann sollst du investieren. Machst du es, ist dein Geld meist weg, und du bist genauso schlau wie vorher, weil eben nicht abgeliefert wird oder es nur leere Worte sind und Quanten-BS ist (vgl. dazu auch Kapitel »Die ›Wissenschaft‹ von Manipulation«, ab Seite 143). Oder man macht es nicht und wird danach aggressiv angegangen, es wird Kaufdruck aufgebaut und man wird niedergemacht. Hat man gekauft und kauft dann nicht weiter, kann es sogar noch schlimmer werden: Es werden persönliche Details ausgepackt und gegen einen verwendet, wie ich es ja schon bereits vorher beschrieben habe. Manche betiteln ihre Kunden und Kundinnen auch ganz offen als Opfer, sagen, dass sie in einer totalen Opferrolle seien. Dabei wird völlig ausgeblendet, dass nicht die Kunden und Kundinnen Opfer sind, sondern dass sie von den Anbietern/Anbieterinnen dazu gemacht wurden, was ein alles entscheidender Unterschied ist: Denn das eine entmachtet und das andere kontrolliert.

Hier möchte ich wieder betonen, dass es sich dabei um die sehr dunkle Seite handelt, auch wenn sie manchmal nach vorn nach Licht und Liebe aussieht. Es sind nicht alle solche Scammer. Aber hier finden sie en masse ein besonderes Zuhause, in der sie ihre Scams als »Menschen helfen« deklarieren und als »vom Universum geleiteten Dienst an der Menschheit« darstellen (können). Dabei kennen sie weder Grenzen noch Regeln – die es in dem Markt auch viel zu wenig in höherer Instanz gibt. Und vor allem gibt es auch viel zu wenige Kläger:innen, weil sie so massiv unter Druck gesetzt werden und direkt mit Anwälten abgemahnt und bedroht werden. Oder sie werden einfach geblockt. Aus den Augen, aus dem Sinn.

DIE VIELEN GESICHTER DES SOCIAL ENGINEERINGS

Die Symbiose von Multi-Level-Marketing und New Age

MLM – auch Networkmarketing genannt – lebt von sozialem Kapital, der Hoffnung auf Besserung und opportunistischem (Aus-)nutzen gesellschaftsrelevanter Themen. Es ist ein Pyramidensystem, das angeblich jedem, egal welche Herkunft, Ausbildung oder finanzielle Ressourcen ein finanziell und zeitlich freies Leben verspricht. Insbesondere werden hier Frauen und Mütter, finanziell, persönlich oder beruflich unzufriedene Menschen sowie alternative, spirituelle oder systemkritische Menschen ins Visier genommen. Aber auch die, die verzweifelt auf der Suche nach einer Lösung für ihre finanziellen Probleme sind, sind eine große Zielgruppe, denn sie lassen sich eher von den Versprechungen nach dem schnellen, einfachen Geld locken. Dies wird dann von Partnern/Partnerinnen der Firmen, die sich selbst als »Business Coaches«, »Success Mentoren/Mentorinnen« oder »Berater:innen« betiteln, auch hier durch Manipulation verkauft. So geht MLM in einer »wunderbaren« Symbiose einher mit New Age, wo im Grunde genau die gleichen Zielgruppen angesprochen und die gleichen Taktiken genutzt werden.

Erfolgreich werden aber meistens nur die, die bereits sehr viel soziales Kapital haben – also die, die gut vernetzt sind mit anderen, die sich die Produkte leisten können. Genauso wie die, die besonders überzeugend sind, anderen glaubhaft zu machen, das jede:r im MLM erfolgreich werden kann.

Es geht im MLM darum, Partner:innen anzuwerben, die auch wieder welche anwerben, und die dann wiederum andere anwerben. So entstehen Teams in Form von vielen kleinen und großen Pyramiden. Es ist also ein Pyramidensystem. Dabei unterscheidet sich ein Pyramidensystem von einem illegalen Schneeballsystem, dass Produkte und nicht nur Partner:innen angeworben werden. Die Produkte werden nicht direkt durch die Partner:innen verkauft (das wäre Direktvertrieb), sondern von den Partner:innen empfohlen, und die Kunden erwerben die meist völlig überteuerten Produkte direkt bei der Firma (=Empfehlungsmarketing).

An den Verkäufen werden die Partner:innen prozentual beteiligt. Dahinter liegt ein äußerst komplexes Punktesystem. Partneri:nnen bekommen sowohl für Verkäufe (auf Basis der Empfehlung) als auch für angeworbene Neupartner:innen und die Umsätze der Partner:innen in den Teams Punkte. Diese Punkte werden monatlich umgerechnet in bestimmte »Ränge«, denen eine gewisse prozentuale Beteiligung am Umsatz des eigenen Teams aber auch mitunter am Gesamtumsatz des Unternehmens zugrunde liegt. Je höher der Rang, desto höher wird auch die Beteiligung. Hier setzt oft ein noch komplexeres System an Bedingungen an, wann und wie man überhaupt beteiligt wird. Es sind Voraussetzungen, die erfüllt sein müssen: Zum Beispiel muss ein bestimmter Anteil der Punkte aus Kundenumsätzen kommen und ein bestimmter Teil aus Teamumsätzen.

Es ist sehr komplex, und ich erkläre es dir nur aus einem Grund so genau: damit du die Komplexität und Manipulationen dahinter begreifst. Denn MLM geht in einer Symbiose mit moderner Spiritualität und Coaching einher.

Reichtum im MLM kommt nicht durch Produktverkäufe, sondern durch die »Duplikation«: Anwerben von Partner:innen und Aufbau von Teams. Die Firmen nennen dass »anderen Menschen helfen, finanziell frei zu werden«. Kommt dir das von den Anbietern/Anbieterinnen in der New-Age-Szene bekannt vor? Das Anwerben von Partner:innen ist bei den meisten Firmen Pflicht, insbesondere wenn man in Ränge möchte, wo sich die finanzielle Beteiligung erst lohnt.

Um das zu verdeutlichen, gibt es die ChakkaChakka-Events, wie ich sie gern nenne. Veranstaltungen, auf denen den Partner:innen beigebracht wird, wie sie andere brainwashen bzw. auf denen sie selbst gebrainwashed werden. Es geht um die völlige Identifizierung mit der Marke und ihren Produkten. Sie sollen selbst zum wandelnden Produkt, zu extremen Markenbotschaftern/Markenbotschafterinnen werden.

In ehrlicher interner Marketingsprache heißt das: Die Partner:innen sind die besten Kunden und kaufen am besten. Also schaffen sie ein System, in dem sich die Partner:innen richtig stark mit der Firma, der Philosophie und den Produkten identifizieren und sie idealisieren – denn so feiern und kaufen sie alles. So reduzieren sich die firmeneigenen Marketingkosten extrem, und die Partner:innen finanzieren sich quasi selbst. Mehr Partner:innen, die selbst die Produkte konsumieren, bedeutet mehr Umsatz.

Oder besser gesagt: Viele unerfolgreiche Partner:innen finanzieren die wenigen erfolgreichen. Die, die an der Spitze der großen Teams stehen. Am Ende des Tages geht es also ums Überzeugen, ums Anwerben – je mehr, desto besser. Einige sagen sogar ganz offen, dass man die Produkte kaufen muss, damit es eben kein Schneeballsystem ist. Also ein zwanghaftes Pyramidenystem, das eigentlich ein Schneeballsystem ist, aber durch einen marketingmäßigen geschaffenen Workaround damit durchkommt, auf dem Papier keines zu sein.

Den neuen Partner:innen wird dabei beim Eintritt jede Kritik sofort ausgeredet und widerlegt, es gibt für alles eine »plausible« Erklärung. Pyramiden werden umgedreht, mit der Begründung, dass ja alle erfolgreich werden können und dass ein klassisches Unternehmen ein Pyramidensystem sei, was beides einfach de facto falsch ist. Es gibt mittlerweile Research, die herausgefunden hat, das gerade mal 0,4 Prozent der Partner:innen im MLM erfolgreich sind, und das spiegelt auch meine Erfahrung wieder. Mit andern Worten: Das komplexe System ist für Neupartner:innen nicht zu verstehen, deshalb wird sich auf die wenigen zu verstehenden Aussagen verlassen: Jede:r kann schnell und einfach, mit wenig Aufwand Geld verdienen. So steigen viele ein. Und viele hören meist im ersten Jahr wieder auf, weil sie eben keinen Erfolg damit haben. Die, die weitermachen, bleiben, weil es zur Sunk-Cost-Fallacy geworden ist. So verdienen sie gerade mal unter 100 Euro im Monat, meist durch eigene Produktkäufe, die vergütet werden, was natürlich eine Milchmädchenrechnung ist, bei der man draufzahlt. Das MLM lebt von der Masse an vielen Partner:innen, die selbst die Produkte kaufen.

Wenn nur 0,4 Prozent erfolgreich sind, heißt das aber auch, dass 99,6 Prozent Geld draufzahlen für völlig überteuerte Produkte, die oftmals nur ohne Ende gehyped werden. Und da steckt richtig »gutes« und sehr ausgefeiltes Marketing dahinter. Sie finanzieren die 0,4 Prozent – und somit ist es die gleiche Dynamik wie in unserem kapitalistischen Wirtschaftssystem. Die vielen Wenigverdienenden finanzieren quasi die reichen 1 Prozent. Und warum? Weil sie Geld benötigen, keine andere Wahl haben, um überleben zu können, und sehr viele, weil sie hoffen, auch irgendwann reich zu werden. Hoffnung auf Verbesserung. Hoffnung auf Freiheit. Also genau die gleichen Hoffnungen, die in der New-Age-Szene produziert bzw. angespielt werden.

Storytelling und Identifikation

Die, die es geschafft haben, betreiben sehr gutes Storytelling und »teilen darin ihr Wissen«. Hier werden besonders die ganz Erfolgreichen der höchsten Zielstufen oder Ränge auf die Bühne gebracht, die sich dann als »everdaylife people« präsentieren, die es geschafft haben – vom Tellerwäscher zum Millionär. Oder von der Hausfrau zur erfolgreichen Businessfrau, dank der der Mann sogar den Job kündigen konnte und jetzt Hausmann ist. Und alle erzählen sie das Gleiche: Ihr Erfolg sei, dass sie selbst zum eigenen Produkt geworden sind, dass sie immer und überall mit jedem über das oder die Produkte geredet und allen gezeigt haben, wie geil das Geschäftsmodell ist und andere erfolgreich gemacht haben. (Disclaimer: Sie haben einfach nur sich selbst erfolgreich gemacht und stellen es dar, als würden sie anderen helfen, weil es besser klingt.) Oder es erzählt einer der erfolgreichen Männer, wie er als einziger Mann unter lauter Frauen saß und sich dachte: ob er das wirklich machen will? Dann hat er aber das Geschäftsmodell gesehen und als findiger Businessman war klar, so eine Chance gibt es selten.

Ich möchte dir hier die Geschichte von einer Partnerin erzählen. Sie ist eine der wenigen, die es »geschafft« haben.

Version 1 – Bühnenversion:

»Nachdem ich meine Kinder großgezogen hatte, wollte ich wieder in das Berufsleben einsteigen. Ich hatte jedoch Schwierigkeiten, eine Stelle zu finden, die gut zu meinen Verpflichtungen als Mutter passte. Eines Tages stolperte ich über eine Möglichkeit, im Network Marketing Kosmetikprodukte zu empfehlen. Ich war von der Idee so begeistert, da ich die Möglichkeit hatte, von zu Hause aus zu arbeiten und meine eigenen Arbeitszeiten zu bestimmen und

gleichzeitig noch was Gutes zu tun. Ich begann, die Kosmetikprodukte zu nutzen und zu empfehlen, und bald darauf fand ich heraus, dass ich auch andere Menschen für das Network Marketing gewinnen konnte. Ich begann, mein eigenes Team aufzubauen, und arbeitete an meinen Fähigkeiten im Verkauf und im Marketing. Dadurch wurde ich bald zu einer der Erfolgreichsten in meinem Unternehmen. Ich genoss es, meine eigene Chefin zu sein, und hatte das Gefühl, dass ich etwas Sinnvolles tat, indem ich anderen Menschen half, ihr Selbstvertrauen und ihre Schönheit zu stärken. Ich war auch in der Lage, meine Familie finanziell zu unterstützen und meinen Lebensstandard zu verbessern. Mit der Zeit wurde ich zu einer Führungskraft in meinem Unternehmen und half anderen, im Network Marketing erfolgreich zu werden. Ich hatte meinen Traum verwirklicht, wieder ins Berufsleben einzusteigen, und fand eine Karriere, die mir ermöglichte, meine Verpflichtungen als Mutter und Hausfrau zu erfüllen und gleichzeitig finanziell erfolgreich zu sein. Ich war stolz darauf, was ich erreicht hatte, und war dankbar, dass das Network Marketing mir die Möglichkeit gegeben hatte, meine Träume zu verwirklichen. Heute weiß ich, dass du das auch schaffen kannst. Du musst einfach nur begeistert sein von den Produkten, sie nutzen und anderen helfen, erfolgreich zu werden. Jeder kann hier genauso erfolgreich werden.«

Version 2 – die Realität:

Diese Geschichte wurde von der Künstlichen Intelligenz chatGPT von OpenAI geschrieben. Die KI kann das so schreiben, weil es immer und immer wieder die gleichen Geschichten sind, die die »Erfolgreichen« erzählen. So erzählt, dass sich die Leute im Publikum, die Interessenten/Interessentinnen und Neuparter:innen, angesprochen und abgeholt fühlen. Verschwiegen wird aber von denen auf der Bühne meist eine Menge. Dinge wie ein extrem großer Freundeskreis, dass sie schon vorher Influencer waren, dass sie bereit waren, besonders wirksame Manipulationen zu nutzen, klingt halt nicht gut und nicht für jeden machbar. Also wird die immer und immer gleiche Erfolgsgeschichte erzählt: Ich war nichts Besonderes, und durch die Firma, durch die Produkte, durch das System MLM wurde man all das, was man sich immer gewünscht hat.

Diese Storys sind kein Zufall. Sie sind gezielt von den Firmen ausgewählt und abgestimmt, dass möglichst alle im Raum sich abgeholt fühlen und sie sich mit den Erfolgreichen identifizieren können. Gleichzeitig sind diese aber auch wie Marionetten der Firmen. Sie werden von den Firmen dazu angehalten, etwas Bestimmtes zu erzählen. Was hier passiert, ist Social Engineering basierend auf den grundsätzlichen Regeln, wie Menschen Communitys aufbauen. Es wird genutzt, um gezielt Rapport und Glaubwürdigkeit auf Basis anekdotischer Evidenz aufzubauen, die wieder dem Irrtum unterliegt, dass alles für jede:n duplizierbar ist und alles möglich ist. Das wird aus einem einzigen Grund gemacht: Du sollst kaufen (sprich Partner werden und die Produkte konsumieren).

> Das BSI schreibt zum Thema **Social Engineering**, was auch eine von Hackern genutzte Strategie ist: »Beim Social Engineering werden menschliche Eigenschaften wie Hilfsbereitschaft, Vertrauen, Angst oder Respekt vor Autorität ausgenutzt, um Personen geschickt zu manipulieren.«[14]

High Energy

Eines der Schlüsselelemente solcher Veranstaltungen ist die hohe Energie, die dort künstlich aufgebaut wird. Die Menschen sollen ein richtig gutes Gefühl bekommen. Es wird getanzt, Musik abgespielt, um die Stimmung anzuheizen, Interaktion gefordert, Spannung aufgebaut, es gibt Partys, alles wird gefeiert. Menschen, Produkte, man selbst.

Die Partner:innen der höheren Ränge werden bewusst dazu angehalten, diese Stimmung zu pushen und anzuheizen. Das hat auch ein bisschen VIP-Feeling. Erst werden die Menschen auf der Bühne angepriesen: Sie sind etwas Besonderes, sie haben es geschafft. Auf den Afterpartys sind sie dann vermeintlich auf einer Augenhöhe, plötzlich bist du als »normaler« Mensch im Kreise der VIPs – du gehörst dazu, wirst gesehen (zumindest ist es das, was du denken sollst), und du hast endlich eine Community, in der du dich angekommen fühlst. Es wird geklatscht und sich gegenseitig beweihräuchert, was aber auch einen ganz bestimmten Sinn hat: Die hohe Energie öffnet dich und fährt vor allem deine Filter runter. Dein System überwacht normalerweise immer kritisch, ob irgendwo Bedrohungen sind. Wenn gefeiert wird und hohe Energie in deinem Körper vorherrscht und mitunter auch noch Alkohol fließt, wird die Situation als ungefährlicher eingestuft, und du gehst nicht mehr so kritisch an die Sache heran, hinterfragst weniger und lässt dich leichter beeinflussen. Deshalb heißt es auch immer: Bring die Interessenten/Interessentinnen immer mit zu den Veranstaltungen, weil sie dort überzeugt werden.

Neu, neuer, exklusiv

Nachdem nun die Energie hoch genug ist und die Filter ausgeschaltet sind, geht es jetzt um Produkte und

Partner:innengewinnung. Hier werden dann also die neusten Produkte angepriesen. Es gibt exklusive Rabatte, und einige Produkte gibt es vorab nur für Partner:innen. In den Pausen werden die Produkte verkauft, sodass man sie bloß als Erste:r hat und sich glücklich schätzen kann. Produktvorstellungen werden in bester Manier der Marke mit der angebissenen Frucht gemacht, frei nach dem Motto: »Das Beste je Dagewesene«, damit noch mehr gekauft wird. Schließlich will ja niemand etwas verpassen.

Es wird gekauft, nicht nachgedacht, mit der Masse mitgezogen, und man mag dort einige Parallelen zu völlig wild gewordenen Schnäppchenjägern/Schnäppchenjägerinnen am Black Friday ziehen. So werden diese Veranstaltungen aber eben nicht nur zu einem Produktverkaufsevent für Partner:innen, sondern auch zu einer Verbreitungsmaschine unbelegter und durch den Confirmation Bias dargestellter »Fakten«, die die Produkte als auch das Geschäftsmodell validieren.

Fotos von den Präsentationen dürfen meist nicht online gepostet oder verbreitet werden, was auch einen Grund hat. Es werden viel zu oft Studien herangezogen, die nicht haltbar sind, die »cherry picked« wurden, methodisch schlecht sind, eine viel zu kleine Stichprobe darstellen, nicht peer-reviewed (also unabhängig von der Wissenschaftsgemeinde überprüft) sind und immer nur das bestätigen, was gerade darstellt werden soll – und dies wird dann noch als einzige Wahrheit gefeiert. Dass es noch andere Studien gibt, die genau das Gegenteil beweisen und sogar peer-reviewed sind, wird dann gern außen vorgelassen. (Im Kapitel »Pseudowissenschaft«, ab Seite 148, gehe ich noch mal detaillierter auf das Thema Studien ein, denn das gleiche Vorgehen findet man auch bei Anbieter:innen in der Szene.)

Niemand, der in den Bann – oder eher die Fänge – einer solchen Veranstaltung geraten ist, stellt sich, während alle um einen herum feiern und ein Produkt total hypen, hin und fängt an, die Studienlage zu recherchieren, geschweige denn dass er sich trauen würde, sie anzusprechen,, denn auch hier wirken die gleichen Konformitätseffekte, die schon anfänglich mit dem Asch-Experiment (Seite 82) erklärt wurden.

So läuft es auch hier so, dass viele dem Meinungs- oder eher Stimmungstenor folgen und mitmachen, was alle anderen machen. Die Erfolgreichen wurden dazu instruiert, bewusst Party und einen auf »heile geile Welt« zu machen, um so die Massen mitzunehmen. Es werden Aussagen getroffen, dass die Firma sich für die Menschheit, den Planeten einsetzt, die Leben von so vielen Menschen transformiert, neue bessere Arbeitsbedingungen schafft und fair sourct. Es sind Worte, die genau dazu da sind, dich zu überzeugen, damit du denkst, durch das Mitmachen etwas Gutes zu tun. Aber eigentlich finanzierst du den (teils extravaganten) Lifestyle einiger weniger Erfolgreicher und die Company mit viel zu teuren Produkten. Außer du gehörst halt zu den 0,4 Prozent.

Das Social Engineering geht aber noch weiter. Denn es ist nicht nur Manipulation, die dort stattfindet, sondern es ist auch noch indirekter sozialer Druck, der aufgebaut wird. Die Partner:innen werden angehalten, ihr Netzwerk anzusprechen und abzugrasen. Freunde/Freundinnen und Familien sind da die Ersten der Wahl und (meisten begründet) skeptisch. Nun sind die Partner:innen gerade am Anfang voll in der Energie, total überzeugt und wollen den kritischen Stimmen unbedingt beweisen, dass sie recht haben und es schaffen. Einige gehen sogar so weit, die Produkte für sich selbst im großen Stil zu kaufen, um Ränge zu erreichen, und verschulden sich dabei nicht selten. Kommt dir das auch irgendwie aus der New-Age-Szene bekannt vor?

Regelmonopoly

Das Schlimme an diesen Firmen ist, dass von vorn bis hinten alles getan wird, um das Marketing extrem stark auszurichten, ohne dabei die rechtlichen Rahmenbedingungen bzw. Gesetze zu brechen. Wobei die Gesetze des Öfteren so stark gebogen werden, dass man meint, sie müssten brechen. Die Gesetzgeber haben bewusst oder eher nötigerweise Gesetze eingeführt, die die Gestaltung (illegaler) Systeme, aber auch die Verwendung von Heilaussagen einschränkt. Findige Geschäftsleute haben und finden hier immer wieder Workarounds, wie es eben so üblich ist.

Hier gibt es übrigens ganze Kanzleien, die sich auf MLMs spezialisiert haben und in sehr großem Rahmen Formulierungen und Gestaltungswege finden, die noch gerade so zulässig oder diskutabel zulässig sind, oder in Juradeutsch: Es kommt drauf an und ist nicht per se illegal.

Mittlerweile geht die EU glücklicherweise rigoros gegen die Firmen vor, auch wenn Partner:innen Heilaussagen treffen, denn das ist ein wirklich schwieriges Thema, auch für die Firmen. Die Workarounds, die hier teilweise von Partner:innen, aber auch den Firmen selbst gefunden werden, würden nicht nur ein eigenes Buch füllen, sondern sind manchmal so geschickt, dass man erst mit langen Recherchen findet, was eigentlich abgeht. Bei Millionen von Partner:innen, die ihr Wissen quasi durch Stille Post erlangen, geht nicht nur viel verloren, sondern es ist auch teilweise keine Kontrolle mehr möglich.

Firmen kommunizieren meist klar, dass keine Heilaussagen getroffen werden dürfen, weil sie dazu angehalten werden. Dennoch wird es immer eine Menge Partner:innen geben, die das nicht interessiert und/oder die sich konsequent darüber hinwegsetzen. Ich habe bei einer Firma, in der ich Kommunikations- und Marketingleitung war, Webinare gehalten, wie man als Partner:in Kommunikation im legalen Rahmen betreibt und sowohl Produkte anbietet als auch Partner:innen gewinnen kann, ohne Heilversprechen zu machen. Und trotzdem sieht man zwei Tage später, wie einige der Teilnehmer:innen wieder damit werben, dass sie mit den Produkten ihre Krebserkrankung geheilt haben.

So bilden sich in sozialen Medien geschlossene Kunden-/Kundinnen- und Partner:innengruppen, die irgendwann eine unüberprüfbare Eigendynamik entwickeln, sodass dort auf Basis anekdotischer Evidenz vermeintliche Heilungsgeschichten im Zusammenhang mit den Produkten sowie Falschinformationen, Thesen und Annahmen verbreitet werden. Also genau das, was auch in der New-Age-Szene und ihren Communitys passiert. Und das wird auf mehrere Arten und Weisen genutzt. Die New-Age-Communitys werden als Partner:innen- und Kunden-/Kundinnengewinnungspool genutzt und die MLM-Communitys als Kunden/Kundinnengewinnungspool für Coachings, Kurse, Workshops und Seminare.

Die gegenseitige »Befruchtung« von MLM und New Age

Die Überschneidung der Communitys, die zwischen MLM und der New-Age-Szene existiert, ist extrem groß, denn sie sprechen meist die gleichen Zielgruppen an.

Es werden ganz gezielt die Communitys abgegrast. Ich kenne MLM-Partner:innen, die ganz bewusst Persönlichkeitsentwicklungs-Community-Treffen und -Veranstaltungen organisieren, obwohl sie eigentlich gar keine Lust darauf haben, es aber trotzdem machen, weil die Leute dort besonders offen für die Versprechungen der MLMs sind. Es hat also nichts mit ehrlichem Austausch zu tun, sondern den Teilnehmern/Teilnehmerinnen wird unter dem Deckmantel von Authentizität einfach nur Interesse vorgegaukelt, bis sie ins MLM einsteigen.

Das schwingt übrigens in der ganzen MLM-Szene immer mit. Im Grunde lernt man überall das Gleiche: wie man die Leute anspricht (und sich »erfolgsbringend« verstellt), damit sie möglichst offen sind für das MLM. Am Ende ist es einfach nur eine Rolle, die gespielt wird und die den Leuten das erzählt, was sie – vermeintlich – hören wollen.

In den Communitys der Anbieter:innen gibt es deshalb mittlerweile flächendeckend (Eigen-)Werbungsverbote, und trotzdem finden Partner:innen Wege, dies zu umgehen, nicht zuletzt, weil es von den »Mentoren« aus dem MLM so beigebracht wird. Es gibt Beiträge, in denen erzählt wird, dass man endlich den Hauptjob aufgegeben hat, weil das zweite Standbein so gut läuft, um die Leute neugierig zu machen. Dann werden die Leute mit einer privaten Nachricht angeschrieben und angeworben. Oder es werden unter dem Vorwand »Gibt es hier Menschen, die auch abnehmen möchten und Lust auf Austausch haben?« Kunden/Kundinnen für ein teureres MLM-Abnehmprodukt gesucht, das dann in einer privaten Nachricht auch akquiriert werden kann.

Genau so läuft es aber auch in der New-Age- und Coachingszene. Es werden Menschen per privater Nachricht angeschrieben, und ihnen werden Komplimente gemacht, Fragen gestellt, Interesse geheuchelt und ungefragt Tipps gegeben. Solche Nachrichten lauten dann zum Beispiel:

»Dein Profil ist so toll, wo hast du das alles gelernt? Und wärst du offen für ein paar Tipps, wie du dein Profil ausbauen kannst?« Oder: »Ich sehe, du bist auch an Nachhaltigkeit interessiert. Wärst du grundsätzlich interessiert an einem Austausch?«

Diese Nachrichten, sind Sales-Taktiken. Sie sind kopiert und werden massenhaft an andere versendet. Wenn man dann darauf eingeht, werden entweder Business Coachings, Crypto oder MLM-Produkte angeboten.

Und so kommt es, dass sehr viele auch wieder aussteigen, weil sie nicht »erfolgreich« werden. Weil sich die ganzen Versprechungen nicht bewahrheiten. Weil manipuliert wird. Weil irgendwann die Realität wieder einsetzt. Und das eben bei 99,6 Prozent.

Es gibt übrigens Menschen, die damit argumentieren, dass die 0,4 Prozent auf die Anzahl an Partner:innen ja unheimlich viele Leben sind, die sich positiv verändert haben: die vielen Mütter und Frauen, die unabhängig sind. Das ist aber völlig falsch gedacht und ist in Wirklichkeit sogar genau andersherum. Wer so agumentiert, sagt ja auch, dass sich das Leben von 99,6 Prozent, also von Millionen Menschen, darunter viele Frauen und Mütter, verschlechtert hat. Es ist nicht okay, dass es 0,4 Prozent auf Kosten der anderen 99,6 Prozent besser geht. Das ist ein unfaires Zwei-Klassen-System und hat überhaupt nichts mit Empowerment zu tun, sondern ist Abzocke. Das Argument, dass das MLM Frauen und Müttern hilft, ist auch nur eine Marketingmasche. Eine fragwürdig, unethische Methode, die in die Kategorie (misogynisches) »femwashing« fällt.

> Wenn ein gesellschaftlich relevantes Thema rein für eigene (Marketing-)Zwecke genutzt wird, bezeichnet man das als **washing** – in diesem Fall handelt es sich um das feministische Thema, sich für Frauen und Mütter einzusetzen, deshalb der Begriff »femwashing«.

DIE »WISSEN-SCHAFT« VON MANIPULATION

Hinter den Kulissen von ChakkaChakka-Events

Alles, was ich im letzten Kapitel über die Veranstaltungen von MLM-Firmen beschrieben habe, ist fast 1:1 auf die ChakkaChakka-Events in der New-Age-Bubble bzw. auch generell in vielen der weniger seriösen Coachingworkshops zu finden.

Hohe Energie, Erfolgsstorys, Feiern, Communitybuilding. Nur dass hier die Social Engineers nicht nur die »Erfolgreichen« sind, sondern eine viel zu oft unbezahlte Crew (deren »Vergütung« die Zugehörigkeit zur Community und die »Energie« der Anbieter:innen ist). Sie mischen sich unter die Teilnehmer:innen ins Publikum und halten die Energie hoch, klatschen, tanzen und jubeln. Mich erinnert das immer ein bisschen an amerikanische Sitcoms aus den 1990ern, wo künstliche Lacher eingespielt wurden. Britische Wissenschaftler haben herausgefunden, dass ein Witz lustiger/besser ist, wenn vorher Lachen eingespielt wurde. Vermutlich durch einen »Ansteckungseffekt«. Wobei ich es ebenso für möglich halte, dass es auch mit einer Wirkungserwartung zusammenhängen könne, ähnlich wie bei Coaching und Therapie und nicht ganz unwichtig ist.

Einer der größten Anbieter der New-Age-Coaching-Szene, der ständig von finanzieller Fülle redet und predigt, dass »finanzieller Erfolg das Geburtsrecht eines jeden Menschen sei«, aber seine Crew-Mitglieder für die Veranstaltung nicht bezahlt, hat mal Folgendes gesagt: Wenn er seine ganze Crew bezahlen würde, hätte er ja kein Geld zum Leben mehr. Nebeneffekt: Die Crew wird gleich noch von der Gunst der Community und den Anbietern/Anbieterinnen abhängig gemacht.

Das ist die Realität der Branche. Mal abgesehen davon, dass das Konzept »Fülle als Geburtsrecht« nicht haltbar ist und insbesondere in der Betrachtung aller Menschen ein privilegiertes, elitäres Konzept ist, was einzig und allein ein Ziel hat: an das Geld derer zu kommen, die es glauben und es sich (mehr oder weniger) leisten können. So wäre es auch nur konsequent, wenn dieser Anbieter, der ja beibringt, wie man sich Fülle manifestiert, auch genug Fülle hat, um alle Mitarbeiter:innen entsprechend zu bezahlen. Hat er aber nicht. Das zeigt einfach, dass es sich um kein allgemeingültiges Konzept handelt, sondern ein »ich mach mir die Welt, wie sie mir gefällt« ist, das vor allem die Welt der Menschen schön macht, die es predigen.

So werden auf diesen ChakkaChakka-Events nicht nur solche Sachen gepredigt, sondern auch noch allerlei andere Dinge. Durch offene und »empfangende« eigene Filter, nicht zuletzt allein durch die hohe Energie, die Community und dadurch wirkenden soizialpsychologischen Mechanismen eher geglaubt und als wahr eingestuft werden. Hier wurde sich insbesondere auch wieder die Funktionsweise des RAS (retikulären Aktivierungssystems) zunutze gemacht, sodass die Teilnehmer:innen nach Bestätigung des durch die Anbieter:innen gelegten Fokus suchen.

Ein Beispiel: Eine bekannte Coachin erzählt den Teilnehmern/Teilnehmerinnen auf ihren Veranstaltungen, dass das Universum und die Engel die Menschen leiten und man nur auf die Botschaften achten muss, um dem eigenen Seelenweg zu folgen. Sie sagt, das Universum würde überall Zeichen senden. Solche Zeichen sind zum Beispiel Nummern. Engel senden Zahlen, insbesondere Zahlenketten wie zum Beispiel 111, 333, 555. Oder man kann sich ein Zeichen beim Universum bestellen, zum Beispiel eine Feder. So sagt man dem Universum: »Schick mir eine Feder, um mir zu zeigen, dass du da bist und mich unterstützt.« Wenn man dann eine Feder sieht, denkt man, dass es ein Zeichen vom Universum ist. Dabei hat man einfach nur drauf geachtet.

Plötzlich sehen alle im Publikum in der Pause oder auch im Nachgang überall solche Zeichen. Sie sehen diese »Engelszahlen« und Federn. So bestätigt sich überall, dass es wirklich stimmt, und die Teilnehmer:innen erliegen damit einer kognitiven Verzerrung, die nicht zuletzt die Realität verschiebt. Jetzt sind sie offener, alle anderen Informationen ohne großes Hinterfragen aufzunehmen, weil sich ja schon eine Sache betätigt hat, was wie eine Art Vertrauensvorschuss wirkt. Die Zahlen und Federn waren aber auch vorher schon überall, nur lag der Fokus des RAS (retikulären Aktivierungssystems) woanders, weshalb die Dinge nicht bemerkt wurden. Oder, und das ist die harte Realität, manche Anbieter:innen haben bewusst solche Elemente an den Veranstaltungsorten platziert, um ihre eigenen Prophezeiungen zu bewahrheiten.

Ich war ja sehr tief in diese Branche integriert und habe entsprechend auch sehr viel von den Praktiken, die dort teilweise betrieben werden, auf den Veranstaltungen und durch Crewmitglieder mitbekommen. Da gehen Anbieter:innen mit den Worten von der Bühne: »Na, wie viele haben wir heute wieder gef*ckt?« Teilnehmer:innen werden vor allen »behandelt« oder besser gesagt öffentlich gegaslighted und die sensibelsten Sachen ausgepackt, sodass sie danach teilweise richtig fertig sind und sie echte psychische Probleme bekommen. Teilnehmer:innen, die vor allen anderen als »Opfer«, »Faules Schwein« oder »mittelmäßig» bezeichnet werden sind noch eines der leichten Dinge, die da passieren.

Kritik, egal wie konstruktiv, trifft hier auf taube Ohren, wofür die Veranstalter:innen sich auch noch feiern. Oft fällt dann der Satz: »Kritisiert wird nur von unten nach oben« – was eine der unreflektiertesten Aussagen ist, die man so treffen kann. *Denn jeder:r* hat das Recht, Kritik (ich meine hier nicht wahllose Hater, sondern konstruktive Kritik und ehrliche und kritische Erfahrungsberichte) zu äußern. Wer aufgrund dessen Menschen in Klassen einteilt und sich damit über andere stellt, sendet damit ein ganz klares Signal, wie er oder sie die Welt sieht: Er oder sie da oben, alle anderen da unten, wer oben ist, hat mehr Rechte und ist unantastbar.

Es zeugt am Ende auch von mangelnder Kritikfähigkeit und manchmal auch von einem Gottkomplex. Denn manche der Anbieter:innen feiern sich auf ihren Veranstaltungen wie gottgleiche Menschen, die über allem stehen und alle Weisheit der Welt gefressen haben. Einige Inszenierungen sollen auch genau das vermitteln, so werden gern Gewänder oder Kleider angezogen, die im Gesamtkonzept mit den Accessoires, dem Licht, der Musik, der Art des Redens eine übernatürliche, von Gott geleitete oder gottgleiche Person assoziieren sollen. Das ist zum Glück nicht die Masse, aber dennoch immer wieder zu sehen.

Die Menschen kommen nach solchen Veranstaltungen nicht selten hoch energetisiert nach Hause und fallen danach in ein totales Loch. Dort greifen dann die Online- und – bei bekannten Anbietern/Anbieterinnen – auch lokale Communitys an, die ein Sammelpunkt für die Menschen sind, bei denen sich »Gleichgesinnnte« austauschen. Oftmals hat hier eine Idealisierung der Anbieter:innen stattgefunden, und diese werden wie Promis auf ein Podest gestellt und angehimmelt. Alles, was sie sagen, wird als wahr und nicht selten schon als Gesetz gesehen. Es sind im Grunde keine Community-Treffen sondern Fan-Gruppen mit groupie-artigem

Verhalten bis hin zu Untergruppierungen innerhalb eines Kults.

Ich habe mal eine Zeitlang solche Communitytreffen veranstaltet und auch anderen beigewohnt, daher kann ich sagen, dass die Dynamiken dort teilweise ein Ausmaß angenommen haben, die rückblickend wirklich besorgniserregend waren. Darunter MLM-Partner:innen, die, wie bereits im vorherigen Kapitel angesprochen, die Communitys und Offenheit nutzen, um ihre eigene Agenda zu verfolgen.

Pseudowissenschaft

Einige wenige Anbieter:innen haben mittlerweile »wissenschaftliche« Studien an beziehungsweise mit ihren Teilnehmer:innen gemacht. Leider sind diese Studien keine wirklich haltbaren Studien, weshalb sie von der Wissenschaftsgemeinde nicht anerkannt und kritisiert werden. Diese Anbieter:innen sind einfach nur eines: Pseudo-Wissenschaftler. Sie hübschen ihre eigenen Geschichten und Lebensläufe auf, sodass zum Beispiel im Falle von »Dr.« Joe Dispenza aus einem Doktor der Chiropraktik, der Biochemie studiert (aber nicht abgeschlossen hat) und einen Bachelor mit einer »Betonung auf Neuroscience« hat, ein Neurowissenschaftler wird. Aus einem von der Wissenschaft nicht anerkannten »Wissenschaftler« wird in der eigenen Darstellung ein »renommierter Wissenschaftler«. Studien werden im Confirmation-Bias-Stil gemacht, das heißt, sie werden bewusst so gestaltet, dass die aufgestellte Theorie bestätigt wird und alle anderen Ergebnisse ignoriert werden.

Es gibt eine Grafik, die ursprünglich auf Instagram von *@theecowell* im Englischen entstanden ist und die *@the_adrian_reason* ins Deutsche übersetzt hat, die den

Unterschied zwischen Wissenschaft und Pseudowissenschaft darstellt und die so gut ist, dass ich sie hier unbedingt einmal teilen möchte:

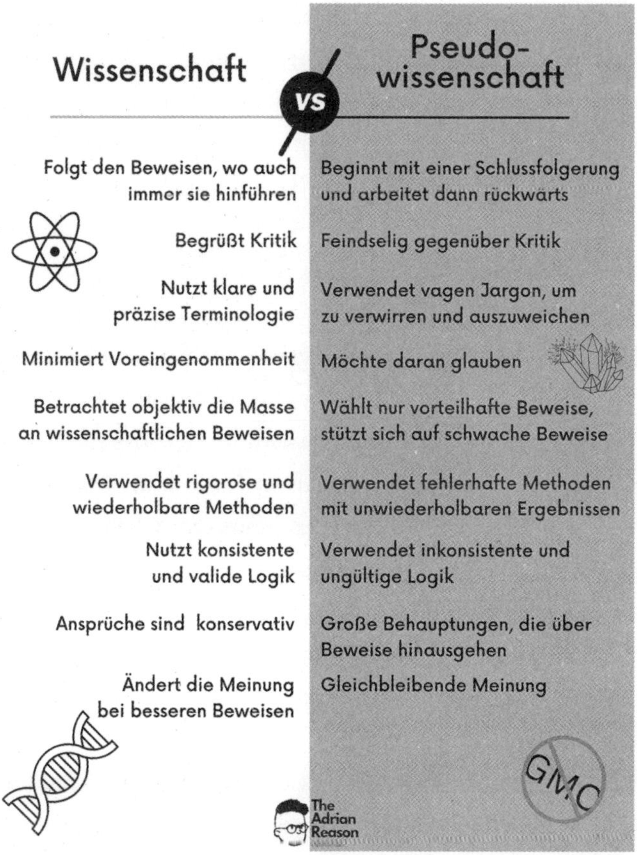

Was ich noch einmal betonen will: Es geht mir hier nicht darum, die Inhalte der Anbieter:innen als wahr oder falsch zu berurteilen. Das steht mir nicht zu, da Physik und Neuroscience nicht meine Expertengebiete sind, obwohl ich »Behavioral Neuroscience« und »Psychobiology« als Studienfächer hatte. Oder vielleicht gerade deswegen weiß ich, dass es so unfassbar komplex ist. Was ich aber beurteilen kann, ist, wie das Marketing aufgebaut ist und wo es Manipulation, Diskrepanzen und fragwürdige Methoden in der Kommunikation und Darstellung gibt. Meine Meinung ist da ganz klar: Wenn jemand manipuliert und sogar bewusst konstruiert, mit dem eigenen Lebenslauf trickst, Anzeichen von Pseudoscience zeigt, manipulative und/oder grenzwertige Aussagen macht und gewisse Formulierungen nutzt, dann kann da etwas nicht stimmen, und es sagt vor allem viel über den Charakter eines Menschen aus.

Ich bin mir sehr sicher, dass ich nicht von so einem Menschen lernen möchte. Das ist aber am Ende etwas, was jede:r für sich entscheiden muss. Ich kann dir nur aufzeigen, was ich wahrnehme, dir eine andere Perspektive geben, aber deine Entscheidungen triffst du – sofern du nicht von Neuromarketing so beeinflusst wurdest, dass du in dem Sinne keine eigenen Entscheidungen triffst, sondern Entscheidungen, die du treffen solltest, weil dich Anbieter:innen entsprechend unbewusst dahin manipuliert haben.

Neuromarketing

Im Grunde ist Neuromarketing etwas sehr Fieses (auch wenn es von denen, die es lehren und nutzen, immer anders behauptet wird). Mir ist in dem Kurs, den ich dazu belegt habe, so manches Mal schlecht geworden. Hier könnte ich dir übrigens erzählen, dass ich den Kurs an der Copenhagen Business School gemacht habe, weil es gleich einen richtig guten Eindruck macht und Glaubwürdigkeit aufbaut. Die etwas uncooler klingende Variante ist aber: Es war ein Onlinekurs über Coursera von der Copenhagen Business School.

Der Kurs ist dadurch nicht schlechter, aber es verdeutlich, was Worte für einen Unterschied machen. Aber zurück dazu, warum mir schlecht geworden ist: Im Neuromarketing werden Erkenntnisse aus Neuroscience und Psychologie genutzt, um Marketing zu betreiben und Kunden/Kundinnen durch verschiedene Elemente in eine bestimmte (Kauf-)Entscheidung zu manipulieren, wovon diese nicht mal etwas mitbekommen.

Die, die es nutzen, sind mit einer unfassbaren Naivität davon überzeugt, dass sie den (potenziellen) Kunden/Kundinnen damit etwas Gutes tun und ihnen geben, was sie wollen, nur wissen diese nicht, dass sie es wollen. Und das ist genau die gleiche Argumentationskette, die bei der Kunden-/Kundinnenakquise im MLM genutzt wird, um ein »besseres Gewissen« bei der Vermarktung zu haben. Man muss es anders formulieren, damit die Leute anbeißen, und weil die Produkte so toll sind, tut man den Leuten am Ende ja etwas Gutes damit.

Was es eigentlich auch sagt: Wenn eine Person alle Informationen hätte, würde sie oder er das Produkt nicht kaufen. Denn sonst müsste man das Marketing nicht so subtil gestalten. Im Grunde ist das total autoritäres Verhalten, denn es wird für einen entschieden, was man angeblich braucht.

Ohne jetzt zu tief ins Neuromarketing einzusteigen, denn darüber allein könnte man ein eigenes Buch schreiben, lässt sich Folgendes sagen: Anbieter:innen und Marketer nutzen das Wissen, wie Menschen und gewisse Zielgruppen, Reize verarbeiten, Entscheidungen treffen, miteinander agieren und sich auch über das Miteinander beeinflussen lassen, gezielt, um den Verkauf nach oben zu treiben.

Ein Beispiel: Ein Coach verkauft einen Onlinekurs, um sich Wunder ins Leben zu manifestieren. Der Kurs richtet sich an Frauen, die unglücklich mit ihrem Leben sind. Der Coach weiß, dass es eine hohe Prävalenz für psychische Krankheiten, wie Depressionen, Angststörungen und Traumata gibt. Also eine Zielgruppe, in der die Personen nach dem Mapping des limbischen Systems (nach Häusel) besonders gut auf Kontrolle und auch Fantasie anspringen. Die »Limbic Map« ist eine »Karte«, die unbewusste Kaufmotive darstellt. Dementsprechend werden dann Wordings, Aussagen, Versprechen und Storytelling genau darauf ausgerichtet: »Du erschaffst dir alles selbst!«, »Du allein bist für dein Glück verantwortlich«, »Du kannst alles schaffen, du musst nur an Wunder glauben!«. All das ist dazu gedacht, dass das limbische System angesprochen wird, was unsere Emotionen reguliert. Dadurch bekommt man ein positives Gefühl, was schnell damit verwechselt wird, dass sich etwas »richtig« anfühlt. Aber es ist einfach nur eine Reaktion des limbischen Systems, das durch bedürfnis-basiertes Marketing angesprochen wurde und signalisiert, was es vermeintlich braucht, um sich gut zu fühlen.

Die meisten Menschen kaufen nicht aus rationalen Entscheidungen heraus, sondern aus emotionalen, und versuchen danach, ihre Entscheidung mit dem Verstand zu legitimieren. So wird dann ein Produkt gekauft, das sich vermeintlich gut anfühlt, aber am Ende doch nicht das Richtige war, und dann wird nach Erklärungen gesucht, warum es doch funktionieren oder gut sein kann. Was solche Personen wohl eigentlich bräuchten, wäre ein zeitnaher Therapieplatz, bei einer/einem passenden Psychotherapeuten/Psychotherapeutin, ohne stigmatisiert zu werden.

So läuft es mit vielen Produkten, von denen die Anbieter:innen überzeugt sind, dass andere sie brauchen. Die Produkte dienen meist nicht den Kunden/Kundinnen, sondern den Anbietern/Anbieterinnen. Was man allerdings auch dazu sagen muss, ist, dass viele noch nie etwas von Neuromarketing gehört haben, aber ein »natürliches« Talent (auch wenn es am Ende angelernt ist) dafür haben, diese Dinge zu erkennen und die passenden Worte zu sagen. Dennoch ist und bleibt es Manipulation. Ich möchte dich hier einmal fragen:

- Ist es für dich okay, wenn du manipuliert wirst, etwas zu kaufen, das dir am Ende hilft?
- Ist es für dich okay, wenn du manipuliert wirst etwas zu kaufen, das dir am Ende vielleicht hilft, vielleicht aber auch nicht?
- Ist es für dich okay, wenn du manipuliert wirst, etwas zu kaufen, das dir am Ende schadet?

Viele Menschen antworten hier auf die erste Frage oft mit Ja, auf die zweite eher Nein und auf die dritte mit einem ganz klaren Nein. Das kann einen in wirklich starke ethische Diskussionen führen. Denn, wie ich ja schon anfangs sagte: Am Ende werden wir immer manipuliert. Die Frage ist, ab wann wird es toxisch? Vielleicht magst du gerade einmal drüber nachdenken, bevor du meine persönliche Einschätzung dazu liest.

Aus meiner Sicht kommt es bei der Differenzierung von toxischer Manipulation und »ethisch vertretbarer Beeinflussung« auf Folgendes an: Wenn die Manipulation bewusst subtil stattfindet und ein Produkt angeboten wird, das

Versprechungen macht und sich Methoden bedient, die künstlich produziert sind, unehrlich und/oder den Menschen nicht wertschätzend behandeln (in dem sie zum Beispiel Druck machen, Angst anspielen etc.), ist es toxisch manipulativ. Wenn jedoch offen und transparent kommuniziert wird, keine ultimativen Wahrheiten herausgestellt werden und den potenziellen Käufern/Käuferinnen alle Informationen für eine bewusste Kaufentscheidung zur Verfügung gestellt werden, die Raum und Zeit für eine Kaufentscheidung lassen und die Anbieter:innen das, was sie sagen, auch wirklich leben, ist es meiner Meinung nach eine »ethisch vertretbare Beeinflussung«.

In dieser Diskussion ist auch wichtig, die Nuancen zu sehen: Geht es um ein Kartendeck oder einen sehr tief greifenden Onlinekurs, der die Psyche der Menschen tangiert? Geht es um ein Gadget für 20 Euro oder um ein 6-Monats-CoachingProgramm für 50.000 Euro?

Grundsätzlich steigt die Schwere der Manipulation mit der Tragweite des Eingriffs in das persönliche Leben, sowohl inhaltlich, psychisch, emotional als auch finanziell. Deshalb sollte man vor einer Kaufentscheidung immer noch einmal in sich gehen und eine rationale Abwägung versuchen:

- Kann ich mir das wirklich leisten? Heißt, habe ich das Geld übrig, und kann ich mein Leben nach der Investition so weiterleben wie vorher auch?
- Aus welchem Grund will ich (wirklich) kaufen? Hier sowohl einmal auf vielleicht tief liegende Wünsche schauen, aber auch, ob man aus Druck/Zugehörigkeit etc. kaufen möchte/»muss«.
- Welche Versprechungen wurden gemacht? Sind diese realistisch?

- Habe ich wirklich die Zeit und Energie, einen Kurs oder ein Programm zu machen?
- Ist die/der Anbieter:in wirklich qualifiziert und handelt nach ethischen Grundsätzen?
- Stimmen die Thesen oder Überzeugungen, die dort weitergegeben werden? Sind sie plausibel? Sind sie allgemeingültig anwendbar (also auch auf Menschen in Slums oder kranke Babys)?

WENN DU NICHT ÜBERZEUGEN KANNST, VERWIRRE

Argument by Gibberish

Eine der wohl beliebtesten Taktiken mit vielen Facetten nennt sich im englischen Sprachraum »Argument by Gibberish«, das zur »Gattung« der Logikirrtümer gehört. Um einen Punkt zu verdeutlichen und ein Argument zu »gewinnen«, wird totaler Unsinn wiedergegeben, ohne dass es für eine (fachfremde) Person direkt erkennbar ist und auch nicht unmittelbar widerlegt werden kann. So ist ein Argument by Gibberish manchmal voller Fachbegriffe und klingt total wichtig, aber eben nur, weil man sich mit dem Thema nicht auskennt. Jede:r, die/der im Thema ist, würde einfach nur mit dem Kopf schütteln.

Damit du mal etwas besser nachvollziehen kannst, wie so ein Argument by Gibberish im Marketing aussieht, habe ich ein paar Werbebotschaften zusammengestellt: »Möchtest du dein menschliches Potenzial, die Kraft in deiner DNA intensiver, tief greifender und umfassender triggern und aufwecken? Möchtest du die gewaltlose Naturgewalt, die in dir als Mensch und Energiewesen schlummert, zum Leben erwecken? Möchtest du die Informationsmacht über deinen Geist und deinen Körper zurückerobern und deine Freiheit leben? Möchtest du deine inneren Kräfte der Rekonstruktion und Regeneration all deiner Teile freilegen? Möchtest du eine neue Form der inneren Kommunikation mit all deinen Teilen etablieren und zu einem perfekten Team mit Herz, Gehirn, Chakras, Mikrobiom und noch viel mehr werden?«

Hier wird einfach nur mit Begriffen – Buzzwords – um sich geschmissen, die gerade in sind und in der Szene in aller Munde. Es gibt keinen Sinn hinter diesen Werbeaussagen, und es geht einfach nur darum, dass es erst mal besonders, cool und irgendwie wissenschaftlich klingt. Ist aber einfach nur totales Gibberish.

Quanten-Bullshit

Immer wieder sieht oder erlebt man Menschen, die auf ihren Profilen das Gesetz der Anziehung oder überhaupt sämtliche vermeintlichen Gesetzmäßigkeiten des Universums als »mit Quantenphysik bewiesen« darstellen. Heutzutage ist ja alles Quanten-irgendwas. Klingt cool, ist neu, klingt besonders. Dahinter stecken dann meist Coaches, die ein paar Persönlichkeitsentwicklungs-Selfhelp-Bücher gelesen und ein paar der ChakkaChakka-Seminare besucht haben. Dort haben sie von den »spirituellen Lehrern/Lehrerinnen«, die sich manchmal auch als Wissenschaftler:innen ausgeben, gelernt, dass Quantenphysik das Gesetz der Anziehung, Resonanz (»die kosmischen Gesetze«), Manifestation und Co wissenschaftlich bewiesen hätte.

Hinweis: Ich bin keine Quantenphysikerin, habe keine Quantenmechanik gelernt und würde mir daher niemals herausnehmen, diese Theorien auch nur ansatzweise zu interpretieren, wenn ich nicht mindestens einen Master in Physik habe, denn dieser Shit ist so komplex, dass man ihn nicht mal eben in einem Buch oder einem Seminar verstehen kann. Deshalb verlasse ich mich bei meinen Recherchen auf anerkannte echte Wissenschaftler:innen, die sich damit auseinandergesetzt haben, und auf meine Komptenz, zu erkennen, wenn manipulative Techniken genutzt werden, um von etwas abzulenken.

Das bedeutet übrigens auch, sich andere Perspektiven anzusehen. Wenn hier dann aber eben verschiedene Logikirrtümer und Bias genutzt werden, sich ständig widersprochen wird und Argument by Gibberish (und weitere Ablenkungen und Überredungstechniken) genutzt werden, sollte man die Perspektive mit sehr viel Vorsicht betrachten. Insbesondere wenn die Thesenaufsteller:innen sich dann einem Dialog verschließen und verschiedene Abwehrtaktiken nutzen.

So auch bei den »Standard-Pseudoquantenphysikern« der New-Age-Branche. Was dort passiert ist – und nun mehrfach durch fachkundige Personen und der Wissenschaft kritisiert wurde –, dass die Schlussfolgerungen der Personen teilweise überhaupt nicht haltbar sind. Es wurden wissenschaftlich klingende Elemente genommen, die immer ein Quäntchen Wahrheit oder als wissenschaftlich bewiesen geltende Elemente enthalten, und für den eigenen Marketingzweck geformt. Dadurch klingt es für den nicht-fachkundigen Menschen kompetent und schlüssig. So wird das Ganze dann als eine angeblich wissenschaftlich bewiesene magische Lösung für fast alle Probleme verkauft, für die sehr viele bereitwillig sehr viel Geld bezahlen. Unterlegt wird das Ganze dann noch mit (selbst gemachten) Studien, die leider methodisch in Fachkreisen als unhaltbar gelten. Auch sind sie in allen mir bekannten Fällen dem Confirmation Bias aufgelaufen, und es wird meist auf die anekdotische Evidenz abgelenkt bzw. diese zugrunde gelegt.

Um es mal in anderen Worten auf den Punkt zu bringen: Wer sich hinstellt und etwas als bewiesen darstellt, ohne vom Fach zu sein, der leidet an maßloser Selbstüberschätzung, Geltungsbedürfnis, hat einen großen Mangel in der Selbstreflexionsfähigkeit und macht es sehr wahrscheinlich aus einem einzigen Grund: Geld.

Mir schrieb eine Followerin, sie ist Physikerin, einmal: »Als promovierte Physikerin weiß ich manchmal gar nicht, ob ich lachen oder weinen soll, wenn ich die hanebüchenen vermeintlich quantenphysikalischen Erklärungen mancher selbst ernannter Gurus lese. Ich als Wissenschaftlerin würde mir nie rausnehmen, Ergebnisse einer einseitigen Forschung als ultimative Wahrheit darzustellen und mich der Kritik zu verschließen.«

Das trifft so ziemlich auf den Punkt, was das Problem ist: Es werden Dinge als ultimative Wahrheit dargestellt, für die es keine haltbaren Nachweise gibt: »Das ist so und wirkt so (wenn du es nach meinem Ansatz machst).« Das als Wahrheit darzustellen, heißt einfach, dass die Anbieter:innen das Thema einfach als gut funktionierendes Marketingobjekt nutzen. Anstatt den Menschen Techniken zu eröffnen und das Bewusstsein dafür zu schärfen, dass die Welt eben unvorhersehbar ist und das Teil unserer Seins ist und zu zeigen, wie man mit der fehlenden Kontrolle umgehen kann, wird lieber unverständlicher, aber wichtig klingender Jargon genutzt, um die Menschen zu verwirren.

Hier ein Beispiel eines bekannten New-Age-Pseudowissenschaftlers: Er sagt zum Beispiel in seinen »Meditationen«, dass man in den unbekannten Raum treten und eins werden soll mit dem Unbekannten. Bevor er dann dazu übergeht, dass man daraus alles erschaffen kann und alles so werden wird, wie man es will (und damit quasi die totale Kontrolle hat – wenn man es denn »richtig« macht). So wird erst Unsicherheit geschaffen, dann wird das Bedürfnis befriedigt, daraufhin wird Verwirrung gestiftet. Dazu wird durch die Aussagen »überkomme dich selbst und deine Emotionen« auch noch ent-validiert, bevor dann die »neuen Informationen« in einem hohen Energielevel, das die bewussten Filter runterfährt, direkt »reingestreamt« werden. Diese Taktik, die hier zutage tritt, hat schon narzisstische Züge, denn so wird der Mensch sukzessive geformt, er hinterfragt weniger und nimmt das ganze »Gibberish« als Wahrheit auf. Und dann wird die »Wahrheit« weitergetragen. Stille Post eben.

DARVO

DARVO ist ein Akronym für »Deny, Attack, Reverse, Victim, Offender« und beschreibt generell eine Taktik, durch die ein:e Täter:in erst die Tat leugnet, dann das Opfer attackiert oder auch Victim Blaming betreibt, also dem Opfer die Schuld an der Tat gibt, wodurch die Opfer-Täter:inrolle umgedreht wird. Das Schlimme daran ist, dass die aktuelle Datenlage zeigt, dass dem Opfer nach der DARVO-Strategie meist weniger Glauben geschenkt wird. DARVO ist psychologischer Missbrauch und wird leider von unzähligen Anbietern und Anbieterinnen genutzt, insbesondere wenn Kritik geäußert wird oder man nicht bereitwillig kauft. Dies kann in Salesgesprächen, aber auch während des Coachings oder öffentlich passieren, was sich dann durch folgende Sätze manifestiert:

- »Du bist halt selbst schuld, wenn du deine Ziele noch nicht erreicht hast!«
- »Du schaffst dir deine eigene Realität!«
- »Das habe ich nie gesagt, du lässt deine Themen gerade nur an mir aus!«

Um das zu verdeutlichen, möchte ich das Beispiel einer Followerin aufzeigen. Ich nenne sie des besseren Verständnisses wegen im Text »Kundin«. Sie wandte sich an mich, weil sie nicht mehr weiterwusste und von ihrer Coachin nach allen Regeln der Kunst fertiggemacht wurde:

Sie schrieb mir, dass sie nicht mehr kann. Sie hatte ein Business-Coaching gebucht, das über sechs Monate gehen sollte und in sechs Raten von mehreren Tausend Euro gezahlt werden sollte. Die erste Rate musste vorab bezahlt werden. Es sollte ein Workbook geben und Zoomcall-Gruppen-Mentoring sowie ein 1:1-Coaching. Außerdem war das Versprechen, dass man nach dem ersten Monat schon so erfolgreich sei, dass man damit die anderen Raten zahlen könne. Das Workbook kam nicht, dann war der erste Zoomcall, und es war grauenvoll. Die Anbieterin war völlig unorganisiert, hat nur von sich selbst erzählt, es waren »keine wirklichen Infos drin«. Und auch der Erfolg blieb aus. Also wollte die Kundin das Coaching kündigen. Die Anbieterin sagte ihr, das ginge nicht, und dass sie noch abwarten sollte. Beim 1:1-Coaching wurde die Kundin von der Anbieterin als Opfer betitelt, sie sagte ihr, dass sie selbst schuld sei, so ein miserables Leben zu führen, und dass sie jetzt endlich in sich investieren müsse, sonst würde es nie besser werden. Schlussendlich hat sie ihr dann noch ein teureres Extracoaching aufgequatscht. Es wurde aber nicht besser, sondern schlimmer: Es wurden Termine immer wieder verschoben und Dinge nicht abgeliefert. Die Kundin drohte damit, einen Anwalt einzuschalten, und zahlte die weiteren Raten nicht mehr. Daraufhin wurde ihr von der Anbieterin gesagt, dass sie ja totalen Bullshit erzählen würde, sie als Anbieterin hätte nichts falsch gemacht und abgeliefert. Wenn sie als Kundin nicht an den Terminen könne, sei das nicht ihr Problem und auch nicht, dass sie zu dumm sei, in die Umsetzung zu kommen. Deshalb würde sie auch andere Frauen niedermachen und anstatt sich die eigenen Trigger anzusehen und sich gegenseitig zu unterstützen, muss sie ihren Bullshit auf sie, als Anbieterin, projizieren und anderen Menschen das noch ausreden und somit den Menschen und ihrem Geschäft schaden.

Bis hierhin ist es schon eine sehr krasse Form von Gaslighting und DARVO, aber es wird noch krasser:

Die Kundin hat ihre Erfahrung daraufhin als Bewertungen an mehreren Stellen öffentlich gemacht und bekam daraufhin ein Drohschreiben eines Anwalts, diese Bewertungen sofort zurückzuziehen, da es haltlose Anschuldigen seien und die Kundin der Anbieterin eines auswischen wolle. Gleichzeitig hat die Anbieterin, die eine sehr große Reichweite hat, die Kundin öffentlich in ihrer Story attackiert, den vollen Klarnamen genannt und sogar ihr Profil verlinkt, persönliche Themen der Kundin dort ausgepackt und diese als Grund genommen, warum die Kundin der Anbieterin schaden will, weil sie ihr miserables Leben auf andere projiziert, um sich damit für ihr Handeln zu rechtfertigen. Mittlerweile hat auch die Kundin einen Anwalt eingeschaltet … wie das Ganze ausgeht, wird sich zeigen.

Mir fehlen bis heute die Worte dafür, zumal es leider kein Einzelfall ist. Mir liegen mittlerweile mehr als ein Dutzend ähnlich klingender Erfahrungsberichte zu dieser Anbieterin vor. Ich bin grundsätzlich immer eine Freundin davon, beide Seiten zu sehen, aber – und mal abgesehen davon, dass ich in diesem Fall alle Screenshots und den Nachrichtenverlauf zu sehen bekommen habe – ein/e Anbieter:in hat kein Recht, die persönlichen Themen einer Kundin oder eines Kunden öffentlich zu machen, die in einer Verttauensituation erzählt wurden. Egal, was vorher gelaufen ist. Dieses Verhalten ist meiner Meinung nach Aussage genug. Auf meine Anfrage zu einer Stellungnahme wurde ich übrigens blockiert.

Das Schlimme ist, dass mich solche und ähnliche Erfahrungen manchmal mehrfach die Woche erreichen. Da prasseln teilweise wirklich heftige Attacken und Drohungen auf Kunden/Kundinnen ein – etwas, womit auch ich immer wieder umzugehen habe. Und da braucht es sehr viel Kraft, und viele der Kunden/Kundinnen haben diese nicht, weil sie entweder von den Anbietern/Anbieterinnen fertiggemacht wurden oder generell überhaupt gebucht/gekauft haben, weil es ihnen nicht gut geht und sie Probleme haben. Und das ist etwas Menschliches. Niemand sollte so etwas aushalten können und müssen. Deshalb gehen auch viele Menschen mit ihren Geschichten nicht nach draußen. Sie haben Angst vor dem Echo. Angst, bedroht zu werden. Angst, attackiert und als Opfer betitelt zu werden. Angst, psychisch fertiggemacht zu werden. Angst vor weiteren Kosten, Stress und öffentlicher Diffamierung.

Folglich werden meist nur die positiven Bewertungen veröffentlicht, weil die kritischen Stimmen aggressiv niedergetreten werden – oder einfach gelöscht. Mitunter kann man sie auch einfach löschen lassen, hier gibt es Firmen, die sich darauf spezialisiert haben, negative Bewertungen verschwinden oder in der Masse an positiven untergehen zu lassen.

Faktenverdrehung und Strohmann-Argumentation

Bei der Strohmann-Argumentation, die Politiker:innen übrigens bestens beherrschen, wird das Argument des Gegenübers nicht beachtet, sondern es wird mit einem thematisch anderen Inhalt gekontert, das als Ablenkungsmanöver dient, um so die eigene Argumentation zu stärken. Hier geht es oft um gesellschaftsrelevante Diskussionsthemen mit moralischer Stärke. Zum Beispiel wird auf die Frage, warum das

Wahlversprechen, die Löhne in der Pflege zu erhöhen, noch nicht umgesetzt wurde, mit einer Aufzählung geantwortet, was man schon alles erreicht hat – ohne auf die Pflege einzugehen. Wenn ein Reporter dann nachhakt, werden die Fakten verdreht, und er wird attackiert, indem zum Beispiel gesagt wird, dass Reporter ja immer nur den Fokus auf das Schlechte legen und alles niedermachen.

Anbieter:innen nutzen diese Technik gern, um Kritik auszuweichen oder auch, um Lücken in der eigenen Argumentationskette zu überspielen. Dies sieht dann beispielsweise so aus:

Frage an Anbieter:in: »Und das Gesetz der Anziehung gilt dann auch bei Frauen, die genitalverstümmelt wurden? Du sagst also, dass diese Frauen sich das auch selbst angezogen haben?«

Eine Strohmann-/Verdrehungs-Antwort wäre: »Das ist ja völlig weit hergeholt und wird ja gerade nur genutzt, um ein gesellschaftlich relevantes Thema aufzugreifen. Du hast so viele negativen Glaubenssätze, und jetzt musst du anderen auch noch versuchen, den Weihnachtsmann auszureden? Denn das Gesetz der Anziehung wirkt, es hat schon Hunderten Kunden und Kundinnen zum Traumleben verholfen!«

Klingt wirr, oder? Aber genau dass soll es auch. Es macht wirklich Sinn, einmal bewusst darauf zu achten. Diese Taktik wird öfter genutzt, als man zunächst denkt.

Lovebombing

»Ich liebe euch.«
»Du wundervoller, grandioser Mensch.«
»Du bist so ein wertvolles Geschenk und eine unfassbare Bereicherung, danke, dass es dich gibt.«

Diese Sätze fallen an jeder Ecke von Anbietern und Anbieterinnen gegenüber ihren Communitys. Menschen, die sie nicht kennen, werden mit Liebe, vermeintlicher Liebe, zugeschüttet. Das Ganze nennt man »Lovebombing«, und es ist eine Manipulationstechnik, die dazu dient, das Gegenüber zu kontrollieren. Aber auch die folgenden Situationen sind Lovebombing:

- Übermäßiges Lob und Komplimente in Coaching-Sessions oder in sozialen Medien
- Exzessive Directmails, E-Mails oder Anrufe außerhalb der Coaching-Sessions oder im Verkauf der Angebote, die sehr viel Persönliches enthalten
- Schaffen einer Atmosphäre von totaler Liebe und Zusammengehörigkeit innerhalb einer Community
- Vermittlung, dass Klienten/Klientinnen die wichtigste Person im Leben der Anbieter:innen sind
- Das Versprechen, dass der/die Anbieter:in alle Probleme oder Herausforderungen des Klienten oder der Klientin lösen kann

Wenn Anbieter:innen lovebomben, bauen sie damit ein Machtverhältnis auf, machen emotional abhängig und ermöglichen keine respektvolle, ehrliche Begegnung auf Augenhöhe. Wenn ich mir die Szene anschaue, besteht sie fast komplett aus Lovebombing durch die Anbieter:innen, aber auch innerhalb der Communitystrukturen. Dies spiegelt den grundsätzlich immer wieder auftauchenden Wunsch nach Kontrolle wieder, der schon fast eine Sucht ist – denn lovebombing kontrolliert.

Eigennützige Hilfe

Die meisten Menschen haben, wenn sie etwas tun, eine eigene Agenda, ob bewusst oder nicht. So hat beispielsweise der Wunsch, anderen zu helfen, auch eine intrinsische eigene Motivation. Der, der hilft, bekommt dadurch auch etwas, wie zum Beispiel ein gutes Gefühl, Anerkennung, Ausgleich von Einsamkeit, Schuldgefühlen – und das ist auch erst mal gar kein Problem, sondern völlig normal. Man darf durch Helfen auch selbst etwas bekommen, daran ist nichts Verwerfliches. Es wird nur dann zum Problem, wenn der eigene Nutzen aus Manipulationsgründen verheimlicht wird. Ein Beispiel:

Ich befand mich im Meeting mit meiner damaligen Kundin, als von ihr der Satz fiel: »Das können wir so nicht schreiben, stimmt, das wirkt geldgeil. Formulier das so um, dass es so klingt, als ob wir denen was Gutes tun.«

Der Hintergrund: Es ging um einen Satz auf einer Landingpage für Onlinekurse, und er lautete: »Als Energieausgleich kostet das Programm 8.888 Euro, da ich mein ganzes Wissen und all meine Erfahrung in den Kurs gesteckt habe. Ratenzahlung möglich.«

Nach der Umformulierung klang der Satz dann so: »Das Programm kostet nur 4 Raten à 2.222 Euro, weil wir gern jedem Menschen ermöglichen wollen, sich ein freies und selbstbestimmtes Leben aufzubauen.«

Gleiches Programm, gleiche Anbieterin. Nur zwei völlig verscheidene Arten, wie es rüberkommt. Beim ersten ist die subtile Botschaft: Ich habe so viel Geld in meine Ausbildung gesteckt, deshalb musst du jetzt so viel bezahlen. Bei der zweiten ist die Botschaft: Ich helfe dir aufrichtig. Dabei wird aber ein Machtgefälle aufgebaut und auf Neuroebene manipuliert. Die letzte Formulierung wäre an sich auch super, wenn sie denn auch gelebt werden würde. Die Problematik dahinter ist, dass 8.888 Euro, auch in 4 Raten, nicht für jede:n leistbar sind. Es klingt aber erst mal anders. Die Betrachter:innen, die sich das nicht leisten können, bekommen direkt ein schlechtes Gefühl mitgeliefert. Das wurde dann im weiteren Angebot gezielt angesprochen: »Wenn du dir das nicht leisten kannst, solltest du erst recht in den Kurs kommen, sonst wirst du immer in deinem Leben, wie es jetzt ist, stecken bleiben.«

Eine andere beispielhafte Formulierung ist die, die rechtfertigen soll, warum man anonyme Massen-Onlinekurse anstatt 1:1-Coachings macht. So heißt es: »Ich habe mich dafür entschieden, so vielen Menschen wie möglich helfen zu wollen. Deshalb gibt es auf den einen Kurs auch Rabatte für Menschen in besonderen persönlichen Situationen.«

Wenn das mit dem »so vielen Menschen wie möglich helfen« aber wirklich ernst wäre, müsste es auch wirklich um sie gehen. Bedeutet: Es müsste persönliche Betreuung und Schnittstellen geben und keine eigenen Wahrheiten auf die Klienten und Klientinnen projiziert werden. Es müsste vor allem erst mal um die Klienten und Klientinnen und ihre ganz individuellen Ziele, Wünsche und Themen gehen und der Raum sicher gestaltet werden, was eine ganz individuelle Sache ist. Die preisliche Zugänglichkeit müsste gegeben sein sowie grundsätzlich auf alle Produkte Rabatte für Menschen in besonderen Situationen. Und natürlich müsste (trauma-)sensibel gecoacht werden.

Ist all das nicht der Fall, wurde hier wohl eher eine Skalierung des Geschäftsmodells vorgenommen – also der Prozess, um den Umsatz zu maximieren, ohne dabei mehr Ressourcen bereitstellen zu müssen.

Deswegen werden viele Dinge als Hilfe ausgegeben, die keine wirklich Hilfe sind. Teilweise schaffen es sogar Anbieter:innen, eine Investition in Coaching von 50.000 Euro für ein Drei-Monatsprogramm als »Hilfe am Menschen« darzustellen. Das ist keine Hilfe. Das ist Ausbeutung. Eigene Bereicherung. Und dafür werden alle Hebel in Bewegung gesetzt.

Manifestations-Dissoziation

Dissoziation oder die »Manifestations-Dissoziation« ist etwas, das den Graben zwischen Ist- und Wunschzustand oder vielmehr die Trennung von Realität, Wunsch und Wahrnehmung beschreibt und zu einer Entfernung von sich selbst und eigenen Anteilen führt.

Alan Watts nennt das ganze »The Backwards Law«, welches aussagt, dass, je mehr man etwas möchte und sich auf diese Sache fokussiert, man sich immer weiter davon entfernt. Man muss hier unterscheiden zwischen gesunder Zielsetzung und Manifestation. Bei gesunder Zielsetzung arbeitet man mit geplanten Schritten auf ein Ziel bewusst hin. Bei Manifestation wird auf die ultimative, magische, perfekte Lösung vom Universum gezielt, in der es keine Probleme und Sorgen mehr gibt.

Das Backwards-Law sieht man immer wieder bei Menschen in der Szene: Der Graben zwischen der Realität und dem, was sie wünschen, wird immer größer. Sie sitzen stundenlang und shiften ihre Energie, stellen sich vor, fühlen, wie sie sich fühlen würden, wenn ihre Wünsche sich endlich manifestiert haben. Aber es gibt einen Teil von uns, der immer im Hier und Jetzt ist, und der begreift auch die Realität und das, was ist. Deswegen wird es immer einen Graben zwischen

Wunsch und Realität geben. Wenn man diesen Unterschied anerkennen würde, wenn man nicht verzweifelt versuchen würde, alles zu kontrollieren, könnte man zufriedener im Hier und Heute sein.

So ist ein Teil immer damit beschäftigt zu erkennen, was man nicht hat. Dabei wird gesagt, man soll sich so fühlen, als wenn man schon da wäre, wo man sein möchte. Das Wirre daran ist aber, dass wenn man da wäre, müsste man sich nicht hinsetzen und sich vorstellen, dass man da wäre. Irgendwann führt es dann dazu, wenn die Gräben zu groß sind, dass ganze Teile der Persönlichkeit und der eigenen Existenz ausgeblendet und abgespalten werden.

Man gerät in eine Art Falle: Je glücklicher man versucht zu werden, desto bewusster wird einem, wie unglücklich man gerade ist. Je mehr man versucht, sich Geld zu manifestieren, desto bewusster wird einem, wie wenig man gerade hat – oder noch schlimmer, es wird auf großem Fuß und Pump gelebt, weil das Geld ja beim Universum bestellt ist, sodass am Ende noch Schulden dastehen, die alles noch zehnmal schlimmer machen.

Spiritueller Narzissmus

Der tibetanische Buddhist Chögyam Trungpa schrieb: »Den spirituellen Weg richtig zu gehen, ist ein sehr sensibler Prozess: Es ist nicht etwas, in das man sich naiv stürzt. Es gibt zahlreiche Abzweigungen, die zu einer verzerrten, egozentrischen Version der Spiritualität führen; wir können uns vormachen, dass wir Spiritualität entwickeln, während wir stattdessen unsere Egozentrik durch spirituelle Techniken stärken.«

Doch was ist spiritueller Narzissmus eigentlich genau? Rabbi Alan Lurie hat dazu einen wunderbaren Artikel auf

Huffpost dazu geschrieben, den ich hier zusammenfassend wiedergebe:[15] Bei wahrer Spiritualität geht es darum, anderen gegenüber offen und freundlich zu sein, anstatt zu versuchen, Situationen zu kontrollieren und zu manipulieren, damit sie den eigenen Wünschen entsprechen. Spirituelle Praktiken können narzisstisch werden. Insbesondere dann, wenn das Ego die Kontrolle übernimmt und sich selbstverliebt in den Mittelpunkt stellt. Was dazu führen kann, dass man sich nur auf das »Ich« konzentriert, das Mitgefühl für andere vernachlässigt und den Wunsch verspürt, sich als heilig oder entwickelt darzustellen, um seine Unsicherheiten zu verbergen, Anerkennung zu bekommen oder Schwierigkeiten und echte Entwicklung zu vermeiden. Tiefe Spiritualität hingegen macht uns sensibler für die Gefühle anderer und fördert eine offene und mutige Haltung. Bei narzisstischer Spiritualität hingegen konzentriert man sich ausschließlich auf das eigene Ich und wehrt sich gegen harte Wahrheiten, die das eigene Selbstbild infrage stellen könnten. Dadurch neigt man dazu, sich schnell angegriffen zu fühlen, und versucht, die eigene Umgebung so zu manipulieren, dass sie den eigenen Bedürfnissen entspricht.

Mit diesem Wissen im Gepäck geht es nun darum, sich einmal die Methodik mancher Anbieter:innen anzuschauen. Denn leider sind sehr viele davon in einem totalen egozentrierten Handlungskreislauf, in dem sie denken, dass sie sich auf einer spirituellen Reise befinden oder spirituell wachsen, dabei wachsen aber nur Ego und in den »glücklichen« Fällen auch der Kontostand. Deswegen geht die Verbindung zum Selbst immer weiter verloren. Denn eine der wohl größten Fehlinterpretationen der New-Age-Spiritualität ist, dass das »echte Selbst« das Selbst sei, das wir ohne unsere

Konditionierungen und Erfahrungen sind, die wir im Laufe des Lebens erfahren haben.

Unser Selbst ist aber das, was wir sind, mit allen unseren Gefühlen, Erfahrungen, Gedanken und auch Konditionierungen. Es ist nicht möglich, in einen Zustand zurückzukehren, in dem wir all das nicht mehr haben, ohne sich selbst vollständig zu verleugnen. Das Selbst ist das, was ist. Heute. Im Jetzt. Mit allen Erfahrungen, Erlebnissen und Prägungen, die dazugehören. Einen Zustand zu erreichen, in dem man quasi »rein« ist, ist eine Verleugnung der eigenen Existenz und Erfahrung und führt neben Ent-validierung von Emotionen zu Dissonanzen, Dissoziation und Self-Gaslighting. Das heißt nicht, dass man immer da bleiben muss, man seine Erfahrungen *ist* (im Sinne von verkörpert). Sondern unsere Erfahrungen und Erlebnisse sind immer ein Teil von uns. Es ist nicht möglich, in einen anderen Körper oder ein anderes Leben zu hüpfen.

Man kann natürlich an den Themen arbeiten, damit sie einen nicht mehr so belasten oder omnipräsent sind, aber sie gehören zu einem. Wenn man nun transformiert und sich obsessiv vorstellt, etwas sei nicht passiert, ausblendet und umgestaltet, wird man nicht zu seinem Selbst, sondern zu einer Rolle. Eine Rolle, die man sich aus einem bewussten Zustand gestaltet hat, meist um den eigenen Emotionen zu entfliehen.

Das heißt nicht, dass man gewisse Techniken nicht nutzen kann, um andere Perspektiven einzunehmen und den Blickwinkel zu ändern. Es aber gezielt zu nutzen, um Schmerz und schlimme Erfahrungen nicht mehr zu fühlen, hat nichts mehr mit spirituellem Wachstum zu tun, sondern das sind lediglich Vermeidungsstrategien. Weil Vermeidung aus einem Zustand der Unsicherheit oder vielmehr aus einem Zustand der fehlenden Strategie für den Umgang mit Unsicherheit herrührt, wird hier eine Kontrolle auf sich selbst und Wunsch-Outcomes (»Manifestation«), aber auch auf andere ausgeübt, (»Spiritueller Narzissmus«).

Alle Strategien, die diese Anbieter:innen also nutzen, sind Techniken, um die Kontrolle zu behalten. Es sind also am Ende hoch eigennützige Strategien, die mitunter gar nicht explizit darauf ausgelegt sind zu schaden, sondern sie schaden, weil sie unreflektierte Überlebensstrategien der Anbieter:innen sind oder daraus entstanden sind. Das trifft natürlich nicht auf sämtliche Anbieter:innen zu, wie so oft, aber sicherlich auf die, die ihren eigenen Weg auf ihre Klienten und Klientinnen projizieren.

Was neben dem spirituellen Narzissmus noch zu beachten ist, ist der »kommunale Narzissmus«, der eine oft unterschätzte Form des Narzissmus ist. Hier glauben betroffene Personen, dass nur sie allein die Welt retten können und die beste und hilfreichste Person sind (was eine maßlose Selbstüberschätzung ist). Dieser scheint, laut aktueller Studienlage, mit der Hauptauslöser für spirituellen Narzissmus zu sein, sodass das Ganze zu einer Art spiritueller Überlegenheit führt.[16]

Hier ist auch wieder ganz klar zu differenzieren: Nicht alles fällt gleich unter das Buzzword Narzissmus, es kommt auf das Maß an. Durch spirituelle Praxis erhöhtes Selbstwertgefühl ist wunderbar. Wenn es aber ein gewisses Maß überschreitet, sodass es nur noch egozentriert ist und anderen schadet, geht es in Richtung des spirituellen Narzissmus.

So schreibt der humanistische Psychologe Scott Barry Kaufman in einem sehr spannenden Artikel in *Scientific American* Folgendes dazu: »In der Tat ist es wichtig, zwischen einem gesunden Selbstwertgefühl und Narzissmus zu unterscheiden. Das Problem liegt nicht im Selbstwertgefühl, sondern im Streben nach Selbstwertgefühl. Ein gesundes Selbstwertgefühl – das eine positive Einschätzung des eigenen Selbstwerts und der eigenen Fähigkeiten umfasst – entsteht auf natürliche und organische Weise durch das Engagement für authentische Fähigkeiten und positive Beziehungen, und nicht durch das Streben nach Selbstwertgefühl als Ziel. Eine Steigerung des gesunden Selbstwertgefühls als Ergebnis spiritueller Praktiken kann eine gute Sache sein und ist nicht notwendigerweise ein Hinweis auf spirituellen Narzissmus.«[17] Dies zeigt auch noch mal das Paradoxon des Backwards Law auf.

Wenn man jetzt auf Anbieter:innen schaut, die spirituell narzisstisches Verhalten zeigen, führt das zu einer Reihe an Problemen – angefangen bei Projektion, Indoktrination und Generalisierung (also das Übertragen der eigenen Wahrnehmung/Erlebens auf andere) – und endet bei einer machtgetriebenen Anbieter:innnen-Kunden/Kundinnen-Beziehung, in der meist die Kunden/Kundinnen den Kürzeren ziehen. So kommt es auf deren Seiten zu mangelndem Selbstwertgefühl, Druck, Ängsten, Abhängigkeiten, finanziellen Schädigungen und vielem mehr.

Bei allem, was in der gesamten Branche passiert, stellt sich immer wieder eine Frage: Was muss geschehen, damit sich etwas ändert?

Inhaltswarnung: tangiert Gewalt, Stalking, sexualisierte Gewalt
Es ist die gleiche Frage, mit der Opfer sexualisierter Gewalt konfrontiert werden. Denn es muss erst etwas passieren, bevor sich etwas ändert. Ich selbst war Betroffene:

Mein damaliger Ex hat meine Wohnung und mein Auto beschädigt, hat mir aufgelauert, mich bedrängt, in sozialen Medien öffentlich diffamiert, mich körperlich angegriffen und noch viel mehr. Leider reichte das nicht, weil es keine Zeugen gab. So hieß es bei der Polizei: »Wir können erst etwas unternehmen, wenn Sie wirklich nachweislich von *ihm* angegriffen wurden und dies auch beweisbar ist.« Ein Polizist sagte mir damals sogar Folgendes: »Im Grunde muss erst so viel passieren, dass sie grün und blau im Krankenhaus liegen, dann können wir was machen« – schon krass, oder?

Ich habe manchmal das Gefühl, dass manche Anbieter:innen sich genauso verhalten wie mein damaliger Ex. Genauso wie sich das System verhält, wie es Opfern von häuslicher und sexualisierter Gewalt ergeht. Ich gehe heute so weit, diesen Vergleich zu ziehen, denn was dort teilweise in der Szene abgeht, ist Gewalt, psychische Gewalt, die unter dem Deckmantel New-Age-Spiritualität läuft.

Deshalb ist die Frage: Wie muss sich das System verändern?

VERÄNDERUNG IST NÖTIG UND MÖGLICH

In diesem Kapitel geht es darum, wie Menschen vor den Anbietern/Anbieterinnen, die andere ausnutzen, geschützt werden können, denn es liegt eben nicht alles in der Eigenverantwortung des Einzelnen, insbesondere dann nicht, wenn Menschen manipuliert werden.

So wie auch Psychotherapeuten/Psychotherapeutinnen, Apotheken, der Nahrungsergänzungsmittelmarkt, Ärzte/Ärztinnen und all die anderen Branchen, die unmittelbar mit Menschen und ihrer Gesundheit in Verbindung stehen, bestimmten Regularien und Überprüfungen unterliegen, muss auch der Coachingmarkt reguliert werden. Und das könnte folgendermaßen aussehen:

Ein neuer (Trauma-)sensibler Ansatz

Ein neueres Buzzword in der Branche ist derzeit »Traumasensibilität«. Der Gedanke dahinter ist super, nur wird es zum einen oft nur als Buzzword genutzt und nicht gelebt, und zum anderen reicht es nicht. Traumasensibilität (oder auch traumainformiert) besagt, dass die Anbieter:innen über die Tragweite und Wirkung von Traumata informiert sind und ihre Arbeit mit dem Wissen darüber sensibel gestalten. Traumasensibel ermächtigt *nicht*, Personen mit Traumata (oder anderen psychischen Erkrankungen) zu behandeln!

Traumasensibilität bedeutet, die eigenen Handlungen, Ansätze, Methoden, aber auch Wordings und das Marketing entsprechend auf die Bedürfnisse von Menschen anzupassen, um sie als Anbieter:in nicht mit ihrem Trauma unbegleitet zu konfrontieren. Das ist eine sehr komplexe Angelegenheit.

In meinen Ethik-Workshops sage ich immer: Niemand ist perfekt, kann alles absichern und jedes Wort kontrollieren, aber es darf keine bewussten Ausnahmen geben, schon gar nicht im Sinne der eigenen Darstellung und des eigenen Marketings.

Traumasensibilität allein reicht aber nicht. Nicht alles ist Trauma, nicht jedes Trauma beeinträchtigt zwangsläufig, und nicht jedes Angebot tangiert Trauma. Deshalb muss ein grundsätzliches empathisches Verständnis für die individuelle Situation von Kunden und Kundinnen vorhanden sein das eine Sensibilität für die Person mit all ihren ganz individuellen Themen aufweist. Eigentlich sollte dies Standard sein, ist aber alles andere als vorhanden.

Qualifikation und Ausbildung

Es gestaltet sich schwierig, oder eher nahezu unmöglich, jede Ausbildung am Markt zu kontrollieren und zuzulassen. Ich halte es für wichtig, dass die Vielfältigkeit von Ausbildungen bestehen bleibt, denn auch wenn Esoterik und Pseudospiritualität in vielen Fällen gefährlich sind, so gibt es auch wichtige, verantwortungsbewusste und nötige spirituelle Ansätze, die einen bei der Stärkung der Selbstverbindung unterstützen, mentale Ressourcen stärken und Halt geben. Auch kann spirituelle Praxis eine Ergänzung zu klassischen Verfahren sein. Spirituelle Praxis ist etwas nicht Greifbares, es gibt keinen Weg, der sagt: Nur so geht's. Wenn man hier einschränkt, würde man auch den persönlichen Glauben einschränken, und das darf nicht sein. Dennoch muss reguliert werden, was über den persönlichen Glauben hinausgeht und schadet.

Es gibt zwei Möglichkeiten, hier zu regulieren und die auch im besten Fall beide umgesetzt werden sollten: Zum einen könnte es ein unabhängiges Label geben, wo man Coaching- und Beratungsausbildungen erhalten kann. Dies zeigt, dass gewisse Inhalte, wie zum Beispiel Ethikstandards, ethisches Marketing, Grundsätze im Coaching und Abgrenzungen in der Ausbildung enthalten sind, eine gewisse Anzahl an persönlichen Übungssessions und Supervision stattgefunden hat und auch eine gewisse Lehrstundenzahl erreicht wurde. Denn es kann nicht sein, dass man beispielsweise psychologische Beratung nach zwei Wochenenden online ohne irgendwelche supervisionierten Fälle und komplexe psychologische Wissensvermittlung machen kann. Hier muss es für Kunden und Kundinnen eine Qualitätsangabe geben, wie gut eine Ausbildung inhaltlich ist. Dabei geht es auch um Transparenz. Oftmals können Kunden/Kundinnen gar nicht einschätzen, ob jemand wirklich qualifiziert ist, oder man merkt erst im Rahmen der Ausbildung, dass diese qualitativ nicht ausreichend ist.

Die zweite, oder eher ergänzende Möglichkeit, ist folgende: Es muss eine Zulasssungsregulation mit Beschwerdeaufsicht geben. So gibt es im besten Fall eine zentrale Stelle, bei der die Anbieter:innen, die hier in Deutschland tätig sein möchten und ihre Dienstleistungen und Produkte anbieten, eine Lizenz erwerben müssen, auch wenn sie im Ausland leben. Ohne diese Lizenz darf in Deutschland (und meinetwegen auch in der EU!) nichts angeboten und verkauft werden.

Die Lizenz kann erst einmal jeder oder jedem erteilt werden, der oder die über 18 ist, ohne weiteren Nachweis einer Ausbildung, weil die Prüfung aller Ausbildungen unmöglich ist. Allerdings verpflichtet sich der-/diejenige mit dem Erwerben der Lizenz, gewisse Standards und einen Ethikkodex anzuerkennen. Mit der Lizenz bekommt jede:r Anbieter:in eine Nummer, die auf der Website im Impressum und überall, wo verkauft wird, angegeben werden muss.

Es sollte eine Kammer existieren, die Beschwerden aufnimmt und gegebenenfalls Lizenzen entziehen kann. Ja, das kostet Geld. Deshalb muss auch der Lizenzerwerb etwas kosten, das Ganze muss aber finanziell leistbar sein (also ähnlich wie bei einer Gewerbeanmeldung), und das Ganze muss staatlich unterstützt werden. Auch müssen Gesetze dafür geschaffen werden. Hier muss also Aufmerksamkeit und Zeit investiert werden, die Politik muss involviert werden.

Politik und Verantwortung

Unser Gesundheitssystem muss grundlegend überarbeitet werden, dazu zählen auch die Dienstleistungen im psychologischen Bereich, also Therapie, Coaching, Beratung und weitere angrenzende Bereiche. Hier ist die Politik gefordert. Da sind wir wieder beim Hund, der sich in den eigenen Schwanz beißt, denn die Systeme hängen alle zusammen bzw. beeinflussen sich gegenseitig.

Würden Menschen nicht an jeder Ecke ausgebeutet und aus Profitgründen zum Kaputtarbeiten genötigt, würde das Gesundheitssystem genug Ressourcen haben und endlich die Menschen gut bezahlen und faire Arbeitsbedingungen schaffen.

Würde es genug Kassensitze für Therapeuten und Therapeutinnen geben und vielleicht sogar ein bedingungsloses Grundeinkommen, dann hätten wir wohl weniger Menschen, die an psychischen Krankheiten leiden, und es bliebe mehr Zeit und Raum für jede:n Einzelne:n.

Würde es ein Schulsystem geben, was Kinder in ihrer ganzen individuellen Art sieht und sie in ihrem Sein und Ausdruck bestärkt, anstatt sie lehrplanmäßig in ein Korsett zu schnüren, in dem alle das Gleiche können und machen müssen, gäbe es wahrscheinlich auch weniger psychisch belastete Menschen.

Würde es nicht so viele Menschen geben, die an Armut und politischen und sozialen Ungerechtigkeiten leiden, dann wären wahrscheinlich nicht so viele Menschen verzweifelt auf der Suche nach magischer Besserung, Heilung und Erfolg und damit auch nicht so anfällig für solch dubiosen Anbieter:innen mit ihren windigen Angeboten.

Könnte. Wäre. Hätte. Würde. Gäbe.

Konjunktiv. Denn wir sind meilenweit von all dem entfernt. Und das hat viele Gründe, meistens finanzielle. Aber nicht ausschließlich. Es ist unheimlich komplex, bestehende Systeme zu verändern. Hier spielen Themen wie Lobbyismus, Aufwand, Geld, Bürokratie, Wahlen und Beliebtheitsumfragen sowie andere politische Abwägungen eine Rolle.

Deshalb geht es erst einmal darum, Bewusstsein zu schaffen, immer wieder den Fokus darauf zu legen und aktiv zu werden, und deshalb sage ich auch, dass Spiritualität auch Aktivismus bedeutet. Denn wer sich für sich, seine Umwelt und die Menschen interessiert, muss sich aktiv dafür einsetzen. Wir können kein System mal eben wegmanifestieren oder von heute auf morgen ändern. Wir werden nicht morgen aufwachen, und unsere Erde wird in eine 5D-Version ihrer selbst gesprungen sein, in der alles Licht und Liebe ist. Was wir aber machen können, ist, dass jede:r Einzelne das für die Gesellschaft und sich tut, was er oder sie kann, sodass wir mit kleinen Dingen für die Gemeinschaft vorangehen, uns gemeinsam für etwas einsetzen.

Marketing und (Heil-)Versprechen

Was unmittelbar mit der Politik und Gesetzgebung

zusammenhängt, sind (Heil-)Versprechen. Das umfasst auch Erfolgsversprechen, Umsatzversprechen und alle anderen Versprechen, die aus reinen Marketingzwecken gemacht werden und keine echte Haltbarkeit haben.

Hier müssen Gesetze geschaffen werden. So wie nicht gesagt werden darf, dass ein Nahrungsergänzungsmittel eine bestimmte Wirkung hat, dürfen auch Anbieter:innen von spirituellen und pseudospirituellen Angeboten keine Wirkung versprechen. Zum einen ist es weder erforscht (also nicht evidenzbasiert) noch ist es mitunter greifbar, und vor allem spielen nicht einschätzbare Faktoren eine Rolle, wie beispielsweise die Klienten/Klientinnen-Anbieter:innen-Beziehung, die persönliche Situation, Leistungserfüllung der Anbieter:innen und die Bereitschaft der Klienten/Klientinnen u. v. m. Das heißt nicht, dass man keine Ziele formulieren sollte, aber es darf eben keine Versprechen geben. Da sich aber niemand daran hält und das Blaue vom Himmel versprochen wird, braucht es Gesetze.

Und das heißt nicht, dass hier auch wieder Workarounds gefunden werden. In meiner Zeit im MLM-Geschäft haben wir oft lange nach Formulierungen gesucht, wie man durch die Blume Versprechen machen kann, ohne gegen Gesetze zu verstoßen. Aber die Arbeit schreckt auch ab, es gibt Grenzen, und Grenzen geben Richtung. Viele Menschen sind einfach diesbezüglich unwissend, kennen oder haben keine Grenzen und wissen nicht, wie es besser geht. Sie kennen den Rahmen nicht, der gut und geeignet ist. Aber ich persönlich denke, dass wir an einem Punkt sind, an dem ein Appell nicht mehr ausreichend ist.

Deshalb muss es entweder eine Verpflichtung geben mit Erwerb der Lizenz, und/oder die Werbeaussagen müssen per

Gesetz eingeschränkt werden. Die Verpflichtung im Zuge der Lizenz wäre wahrscheinlich die bessere Variante, weil dort auch alle weiteren Punkte umgesetzt werden könnten, und sie müsste Folgendes umfassen:

- Es dürfen keine Erfolgs-, Heil-, Umsatz- und sonstige Versprechen gemacht machen.
- Es gibt klare Regelungen, dass Menschen mit psychischen Krankheiten nicht behandelt werden dürfen, bzw. nur in Rücksprache mit den behandelnden Therapeuten/Therapeutinnen oder nur in Bereichen, die die Krankheit nicht tangieren, gecoacht/begleitet werden dürfen.
- Es gibt eine generelle Abgrenzung von Coaching, auch in Bezug zu Beratung und Therapie.
- Außerdem gibt es Vorgaben zu einer gewissen Anzahl an eigenen Supervisionsstunden pro Jahr mit Überprüfung dieser.
- Verpflichtung zu Transparenz, insbesondere in der Preisgestaltung (Preise müssen auf der Website/ im Angebot genannt werden), aber auch in der grundsätzlichen Bereitstellung von relevanten Informationen.
- Zusätzlich die Verpflichtung zur Arbeit im Einvernehmen mit einem Ethikkodex/ethischen Grundsätzen.
- Anforderungen und Vorgaben bezüglich AGB und anderen vertraglichen Gestaltungen.

Ethische Grundsätze/Ethikkodex

In Bezug auf ethische Grundsätze/Ethikkodex brauchen wir

ein allgemeingültiges Format, das alle Arten von Anbietern/Anbieterinnen mit einbezieht. Daher sollten sich die Grundsätze beziehungsweise der Kodex an der Unversehrtheit der Kundschaft und an der ärztlichen Ethik orientieren. So ergeben sich im besten Fall folgende Verpflichtungen:

- Schaden zu vermeiden, Selbstbestimmung zu respektieren und Verschwiegenheit wahren: Verpflichtung zur Sorgfalt und zur Gewissenhaftigkeit der eigenen Handlungen
- Keine (Heil-) Versprechen, Heilaussagen oder Wirkungsversprechen zu treffen
- Ableistung eines gewissen Minimums an Supervisionsstunden pro Jahr
- Transparenz, insbesondere im Marketing, der Darstellung von Qualifikationen und der Preisgestaltung
- Ehrlichkeit zu leben und nach bestem Wissen und Gewissen im Sinne der Klienten und Klientinnen zu handeln
- Kollaboration anzustreben und die eigenen Grenzen klar sehen und setzen zu können

Heilpraktikergesetz und Begriffsschutz

Was ganz dringend passieren muss, ist eine Reform des Heilpraktikergesetzes. Derzeit ist es so, dass sich quasi jede:r Dahergelaufene, ohne eine große Ausbildung nachweisen zu müssen, zur Heilpraktikerprüfung anmelden und diese machen kann. Mittlerweile ist es mancherorts schon so, dass Fachrichtungen und Fortbildungen nachgewiesen werden müssen. Die klassischen Heilpraktikerausbildungslehrgänge (für Psychotherapie) sind aber leider qualitativ als auch inhaltlich nicht ausreichend, um damit Psychotherapie durchzuführen.

Folglich gibt es Heilpraktiker:innen für Psychotherapie, die nach der Prüfung ohne weitere Fortbildung Traumatherapie in den wildesten Formen anbieten. Dennoch bin ich ganz klar gegen eine totale Abschaffung und vor allem ein grundsätzliches Bashing von Heilpraktiker:innen. Denn es gibt auch einige wirklich gut Ausgebildete, die ihren Beruf sehr ernst nehmen, Fortbildungen und Supervision machen und sich jahrelang Wissen aneignen, mit Grenzen arbeiten, in Austausch gehen und offen sind, anstatt nur die eine ultimative Wahrheit zu kennen.

Leider erregen die, die das nicht machen, meist Aufsehen, was nicht zuletzt zu einem schlechten Image der Heilpraktiker:innen geführt hat. Insbesondere, da in diesem Bereich oft Grenzen verschwimmen und es eine hohe Anzahl an Anbietern/Anbieterinnen gibt, die Heilversprechen machen. So wird teilweise von klassischen Behandlungsmethoden abgeraten oder diese gar als Humbug dargestellt. Dies hat nichts mit neutraler Behandlung zu tun, sondern grenzt schon an Indoktrination.

Hier muss es also ganz klar neue Regelungen geben, an denen momentan auch gearbeitet wird. Ich spreche mich deutlich gegen eine Abschaffung des Berufes des Heilpraktikers aus, aus folgendem Grund: Es ist derzeit die einzige Möglichkeit, wie Menschen ohne Zugang zu einem Psychologiestudium ihren Wunschberuf ausführen können. Das hat sehr viel mit sozialen Gefügen zu tun und beruht auf sehr viel Klassenungerechtigkeit. Um an einer staatlichen Hochschule Psychologie studieren zu können, braucht man heutzutage schon meistens eine 1,0 im Abitur. Vielen Menschen steht das gar nicht offen, überhaupt bis dahin zu kommen. Und die Alternative, private Hochschulen, sind von vielen nicht bezahlbar.

So bleibt nur der Weg über den Heilpraktiker für Psychotherapie, um in diesen Bereich zu kommen. Ein erster Ansatz wäre hier eine einheitliche, umfassende Ausbildung, die staatlich geprüft ist und einen entsprechenden Umfang hat.

Ich bin aber auch dafür, dass der Begriff »Psychologische/r« mit all seinen Abwandlungen geschützt werden müsste, ebenso wie die Bezeichnung »Therapeut:in«. Derzeit können Anbieter:innen sich beispielsweise Paartherapeut:innen nennen, obwohl sie keine therapeutische Ausbildung haben, weil der Begriff nicht geschützt ist. Ebenso ist es mit dem in den vorherigen Kapiteln genannten Beispiel der »Diplom-Psychologischen Energetikerin«.

Im Grunde müssten auch Begriffe wie »Diplom« und »Zertifikat« ausschließlich staatlich anerkannten bzw. geprüften Institutionen vorbehalten sein, ebenso wie die Verwendung der Worte »Akademie«, »Universität« und »Schule«.

Natürlich ist so etwas nicht mal einfach so gemacht, und es gibt sehr viele Nuancen im Betrachtungsbild sowie Hände und Kommissionen, durch die so etwas geht. Es wird noch viel Wasser die Elbe runter fließen, bis hier etwas passiert. Dennoch ist ein erster Schritt, Bewusstsein dafür zu schaffen, auch wenn es nur den Menschen hilft, eine solide Einschätzung der Qualität von Anbietern/Anbieterinnen gewinnen zu können.

ETHISCH HANDELNDE ANBIETER:INNEN ERKENNEN

Zuallererst eines vorweg: Niemand ist perfekt. Wir sind keine Maschinen, die immer alles richtig und toll machen. Wir sind Wesen, die Fehler machen und lernen. So ist es auch mit Ethik und der Tätigkeit als Anbieter:in. Niemand wird in diese Tätigkeit hineingeboren, sondern man lernt einen Beruf. Und Lernen hängt auch immer wieder mit Reflexion, Scheitern und Kursänderungen zusammen.

Ich habe hier einmal eine Liste an Eigenschaften, Handlungen und Fähigkeiten zusammengestellt, was gute, verantwortungsbewusste Anbieter:innen ausmacht und »Greenflags« sind. Ich habe sie in 5 verschiedene Bereiche eingeteilt: persönliche Eigenschaften und Skills, Arbeitsweise und Methodik, Angebote und Preise, Marketing, Rahmenbedingungen.

Persönliche Eigenschaften und Skills

- Der/Die Anbieter:in stellt sich selbst nicht in den Mittelpunkt.
- Die eigenen Erfahrungen werden nur dosiert und exemplarisch eingebracht, da so schnell die Erfahrung der Klienten/Klientinnen ent-validiert werden kann und die Gefahr der Projektion besteht (persönliche Erfahrungen oftmals nicht auf anderer Leben/Situationen übertragen werden können).
- Die eigene Erfahrung wird vor allem als Ressource für Verständnis und emphatische Begleitung genutzt.
- Der/Die Anbieter:in befindet sich selbst in Supervision/im Coaching, um einen Spiegel bzw. Blick von außen zu haben.
- Er/Sie hinterfragt und reflektiert sich und die eigenen Ansätze und ist sich der eigenen Blind Spots bewusst und kommuniziert diese.

- Es besteht eine offene Feedbackkultur, und konstruktive Kritik wird willkommen geheißen.
- Er/Sie besitzt die Fähigkeit zu sagen »Das weiß ich nicht« oder »Das ist nicht mein Bereich« (dies kann auch gut im Vorgespräch getestet werden: Wie wird reagiert, wenn man zum Beispiel sagt, dass man gern bei Thema XY Unterstützung hätte, das nicht im Bereich desjenigen liegt).
- Es besteht ein Netzwerk an Menschen, an die er/sie weiter verweisen kann.
- Der/Die Anbieter:in kann einen sicheren Raum gestalten: sprich, den Fokus auf dem Klienten halten, ohne ständig in persönliche Beispiele zu gehen (stellenweise ist das okay), die Möglichkeit zur Öffnung bieten, Vertrauen und Ruhe schaffen, rückversichern, still sein und nicht alles auf die Eigenverantwortung des Klienten abwälzen.
- Es wird kein Druck ausgeübt, und es wird nichts vorgegeben – den Klienten/Klientinnen wird Raum gegeben, Sitzungen und die Themen festzulegen, und dies begleitet für sich selbst zu ergründen.
- Alles wird vertraulich behandelt, insbesondere persönliche Themen.
- Die Ausbildungen und Qualifikationen sind klar ersichtlich und einfach aufzufinden, im besten Fall sind auch Ausbildungsstätten angegeben.
- Der/Die Anbieter:in übernimmt Verantwortung für das eigene Handeln und ist sich der Verantwortung gegenüber den Klienten/Klientinnen bewusst.
- Er/Sie bildet sich kontinuierlich fort.

Arbeitsweise und Methodik

- Die eigenen Methoden werden hinterfragt und nicht als absolut oder allgemein gültiges Konzept dargestellt.
- Klare Abgrenzungen zu Beratung und Therapie, aber gleichzeitige Offenheit zur bereichsübergreifenden Kooperation. (Relevant bei allen Coachings, die die Psyche des Menschen betreffen oder tangieren.)
- Es sind Mechanismen implementiert, die eine Einschätzung möglich machen, ob potenzielle Klienten/Klientinnen eine psychische Krankheit haben (könnten) und eine Begleitung durch Coaching überhaupt erlaubt bzw. sinnvoll ist. (Relevant bei allen Coachings, die die Psyche des Menschen betreffen oder tangieren.)
- Es besteht die Offenheit und Möglichkeit, Fragen zu stellen, zu den Ansichten und Erfahrungen der Anbieter:innen zu speziellen Themen, wie bspw. Rassismus, Politik, LBGTQ+, Inklusion, andere soziokulturelle Umweltfaktoren, die auch eine Rolle in der Begleitung spielen könnten, aber auch für eine Gesamtbild-Betrachtung der Einstellungen von Anbietern/Anbieterinnen.
- Es werden nur Themen gecoacht, die auch ins Coaching gehören (rechtlicher Rahmen wird beachtet).
- Es werden keine Heilversprechen und generell keine Umsatz-, Erfolgs- und Wirkungsversprechen gemacht.
- Die Inhalte verändern sich, sind angepasst an neueste Erkenntnisse.

- Die Inhalte pauschalisieren/kategorisieren nicht durch zum Beispiel Persönlichkeitstests und darauf ausgerichtete Inhalte, sondern sehen die Vielfältigkeit des individuellen menschlichen Seins.

Angebote und Preise

- Es gibt transparente Prozesse und (angemessene, marktübliche) Preise: Preise werden klar kommuniziert und nicht hinter einer Anfrage-/Vorgesprächs-Wand versteckt.
- Es wird kein Kaufdruck gemacht (im Sinne von: »Dann steigen die Preise« oder durch Blaming: »Wenn du das Geld nicht hast, bist du selber schuld«) – stattdessen wird Raum zur Entscheidung gegeben und du wirst sogar ermutigt, in Ruhe drüber nachzudenken.
- Bei Onlineprogrammen gibt es die Möglichkeit einer persönlichen Schnittstelle (damit sind keine Massen-Lives gemeint, sondern wo sich der Klient persönlich an die Anbieter:in wenden kann und gehört und gesehen wird).
- Bei Onlineprogrammen gibt es einen kostenlosen Testzeitraum ohne Haken (Vorsicht bei Geld-zurück-Garantien, hier gibt es oft Einschränkungen).
- Die Angebote sind übersichtlich gestaltet, sodass klar ersichtlich ist, was zu welchem Preis verkauft wird (keine Endlos-Landingpages, bei denen relevante Infos erst nach 10 Minuten scrollen zu finden sind).

- Es wird keine 24-Stunden-Erreichbarkeit versprochen, stattdessen gibt es klare »Arbeits- bzw. Erreichbarkeitszeiten«.

Marketing

- Es wird echter, mehrwertbietender Content geliefert, der inhaltlich weiterbringt und nicht ständig die Anbieter:innen oder Umsätze feiert
- Das Wording ist sensibel: sprich, es wird Rücksicht auf andere genommen, und die Formulierungen konzentrieren sich auf die Darstellung des Produktes und die Inhalte, ohne pauschale Versprechungen zu machen oder Druck aufzubauen (zum Beispiel mit »(nur)-wenn-dann-Formulierungen«, Kleinmachen, Problem-schaffen-Lösung bieten-Technik usw.)
- Es finden sich nicht nur positive Kommentare unter den Posts (wenn es so sein sollte, ist das immer ein Anzeichen dafür, dass Kritik systematisch gelöscht wird).
- Ein Konzept garantiert nichts, sondern eröffnet Möglichkeiten (zur eigenen individuellen Interpretation und Anwendung).
- Ads sind so gestaltet, dass sie informieren/das Produkt ehrlich und transparent darstellen/ein gutes Gefühl geben, anstatt auf Hoffnung und Bedürfnisse anzuspielen, (Heil-)Versprechungen zu machen und zu psychologisch trickreich gestalteten Funnels zu leiten.
- Es wird nicht versucht, durch prominente Darstellung von »bekannt aus«, Medien und

weitere Techniken systematisch Glaubwürdigkeit aufzubauen.

Rahmenbedingungen

- Es werden von den Anbietern/Anbieterinnen, aber auch den Klienten/Klientinnen professionelle Grenzen gewahrt.
- Es werden keine Annahmen über die Klienten/Klientinnen gemacht.
- Die Begleitung findet statt, ohne zu überfordern oder zu drängen.
- Der/Die Anbieter:in geht in Selbstreflexion und bietet Feedbacksessions an.
- Wenn zutreffend: Es wird ein (trauma-)sensibler Ansatz von dem/der Anbieter:in gelebt und findet sich in allen Bereichen wieder.
- Transparenz und Ethik werden durchgängig gelebt, und es werden keine bewussten Ausnahmen gemacht.
- Es findet kein systematisches Ausgrenzen von bestimmten Menschengruppen statt, und es besteht Bewusstsein über die Problematik kultureller Aneignung.

Wie du siehst, ist das eine ganz schön ausführliche Liste, die aber gerade mal das absolute Minimum beschreibt. Ich hoffe sehr, dass dich diese Liste dabei unterstützt, bewusster durch die Szene zu navigieren. Indem du entweder als Anbieter:in dein Wirken bewusster und ethischer gestaltest, oder aber als (potenzielle:r) Klient:in und auch als Mensch, der sich online bewegt, bewusstere Entscheidungen triffst. Für dich. Aber auch, um eine passende Begleitung zu erkennen.

EIN PAAR LETZTE WORTE

Zur Selbstreflexion

Selbstreflexion heißt im Grunde, dass man sich selbst kritisch hinterfragt. Und weil das Wort »kritisch« so oft negativ behaftet ist, mag man es vielleicht umformulieren in: die eigenen Sichtweise aus anderen Perspektiven zu betrachten und sich zu fragen: »Bin ich (noch) auf dem richtigen Weg? Ist das hier wirklich mein Weg?«

Das Paradoxe an der Selbstreflexion ist, dass wir dafür andere Menschen brauchen. Denn wir erfahren uns durch den Kontakt mit anderen. Und deshalb brauchen wir andere, um unser Selbst (oder auch eher unsere verschiedenen Selbst) zu hinterfragen und aus anderen Perspektiven zu betrachten. Am besten geht das durch den Kontakt mit Personen, die nicht so sind wie wir. Die anders sind, anders denken. Wenn wir uns also nur noch mit Leuten umgeben, die wie wir sind – was ja in der New-Age-Szene oft so gepredigt wird – damit man sich eben mit »empowernden« und »Gleichgesinnten« umgibt, verpasst man ganz viel. Nämlich die Möglichkeit, sich anders zu sehen, anders zu erfahren und vielleicht auch eine kleine Kurskorrektur vorzunehmen.

Das heißt jetzt nicht, dass man nun ätzende Leute, die einem nicht guttun, ertragen soll, sondern sich einfach mit anderen zu umgeben, die vielleicht nicht die eigene Meinung überall teilen, aber dies konstruktiv und liebevoll äußern können und offen sind für bereichernde Diskussionen.

Sich selbst zu reflektieren, heißt also auch immer, sich selbst zu erfahren. Das Selbst ist keine fixe Version, sondern ein vielschichtiges multidimensionales Konstrukt. Es kann zum Beispiel sein, dass du für unterschiedliche Leute, die du kennst, auch eine Art eigenes Selbst hast, verschiedene Persönlichkeiten, die du durch die verschiedenen Menschen lebst. Darüber kannst du dich ausleben, unterschiedlich erfahren und dein Sein in vielen Facetten leben. Deshalb hängt Selbstreflexion von drei Dingen ab:

1. Den Fragen, die du dir stellst.
2. Der Offenheit und Bereitschaft, dein eigenes Weltbild zu hinterfragen.
3. Den Menschen, mit denen du in Verbindung gehst.

Und genau dazu lade ich dich ein. Vielleicht kommst du zu dem Schluss, nachdem du dieses Buch gelesen hast, dass dein Glaube an Magie und an das Universum dir Halt gibt und dass du das brauchst. Du darfst brauchen. Ich möchte dich aber um eins bitten: Bitte formuliere deinen Glauben klar, und sage, dass es ein Glaube ist. Du darfst glauben, nur stelle es für andere nicht als Gesetz da. Gehe verantwortungsvoll mit dir und mit anderen Menschen und ihrer Psyche um. Du kannst glauben, ohne toxisch zu manipulieren.

Du kannst auch deine Arbeit mit der Welt teilen, ohne andere toxisch zu manipulieren. Wenn du das tust, bilde dich bitte vernünftig fort, hinterfrage dich, und sei offen für echtes Feedback. Jeder ist individuell. Gerade wenn es um persönliche Dinge und die Psyche geht, funktioniert nicht jede Methode so, wie sie vielleicht für dich funktioniert hat.

Hab bitte immer im Hinterkopf, was für eine wahnsinnige Verantwortung du für das Leben anderer trägst, wenn du mit ihnen an ihren persönlichen Themen arbeitest. Sie verlassen sich darauf, dass du verantwortungsbewusst mit ihnen umgehst, sie geben dir ihr Vertrauen. In der Begleitung geht es nicht um dich, sondern um den Menschen, den du begleitest.

Deshalb frage dich bitte immer: Begleitest du, weil es dir wirklich Freude bereitet, jemanden zu unterstützen, oder machst du es, weil es dir Freude bereitet, dadurch etwas zu bekommen? Und falls es ein »und« ist, was überwiegt?

Was ich dir noch mitgeben möchte

Überall in der Szene grassiert das Streben nach Heilung. Heilung heißt aber, dass etwas kaputt ist – denn sonst müsste es nicht heil werden. Doch was ist, wenn wir gar nicht heilen müssen, weil wir gar nicht kaputt sind? Was ist, wenn uns eine ganze Industrie glauben lässt, dass wir heilen müssen, dass es aber diese Heilung gar nicht gibt? Weil wir eben nicht kaputt sind, und weil Heilung kein magischer Punkt ist, an dem sich alles wieder zusammenfügt und nichts mehr wehtut.

Ich bin mittlerweile nach all meinen Umwegen durch sämtliche »Urwälder« der Welt und der Szene fest davon überzeugt, dass wir nicht kaputt sind, sondern dass es die kaputten Systeme sind, die uns krank machen, ausbeuten, nicht sehen, missachten. Heilung brauchen nicht wir, sondern die gesellschaftlichen Anforderungen, und die Systeme brauchen Heilung.

Natürlich ist es einfacher und klingt schön im Verkauf, dass jede:r alles unter Kontrolle hat und dass man nur sich selbst heilen muss. Aber das ist nur eine Symptombekämpfung. Verursacher sind kranke Systeme, die nicht auf Menschenwürdigkeit, sondern Profit ausgelegt sind. So auch das System Moderner Spiritualität. Und solange diese Systeme nicht behandelt werden, diese Systeme nicht geheilt werden, wird der persönliche »Heilungsweg« immer von spirituellem Bypassing geprägte Symptombekämpfung sein.

Deshalb müssen wir aktiv werden. Wir müssen gemeinsam die Ursachen angehen und eine Welt, eine Gesellschaft schaffen, die für *alle* Menschen da ist, die die Menschen wertschätzt und bekräftigt. Und ja, das fängt zwar auch bei jedem Einzelnen an, muss aber in einem Akt der Gemeinschaft realitätsnah angegangen werden – so hilft es nicht viel, wenn spiritueller Egoismus gelebt wird und es nur um die eigene persönliche Weiterentwicklung in einer anderen Sphäre geht.

Es braucht Menschen, die wirklich aktiv etwas tun. Die den Mund aufmachen. Die in den Dialog gehen. Die bereit sind, für die zu kämpfen, die (noch) keine Stimme haben. Wir können gemeinsam so viel bewegen, aber nicht, indem wir nur an uns selbst arbeiten, sondern indem wir gemeinsam an etwas arbeiten und wirklich einander sehen und jede:r etwas beiträgt. Gemeinschaft lebt durch Gemeinschaft, Verständnis, Empathie und Aktion. Gemeinsam kommen wir weiter. Miteinander. Füreinander.

Und ja, Coaching kann dabei helfen. Coaching als auch spirituelle Praxis kann präventiv, unterstützend und bei gewissen Themen sehr hilfreich sein. Coaching kann bereichern, weiterbringen, helfen anzukommen oder vielleicht auch bewirken, dass die Welt ein bisschen verständnisvoller und empathischer wird. Das schaffen wir aber nicht, indem jede:r in seinem/ihren stillen Kämmerlein sitzt und nach mehr, besser, weiter, höher, lauter, glücklicher, erfüllter, erfolgreicher, optimierter, Kontrolle und Freiheit strebt. Sondern indem wir gemeinsam anpacken. Miteinander, mit nachhaltigem persönlichem Ausdruck und echtem *Sein*.

Und genau das wünsche ich mir für dich und alle anderen Menschen. Mehr Sein, im Miteinander. Keine großen magischen Wunder, sondern eine tiefe Verbindung, mit dir selbst und anderen.

DANKSAGUNG

Dieses Buch wäre nicht ohne bestimmte Menschen entstanden. Deshalb:

Danke an Oleg, von @reduceconfidence, der meine Confidence ganz im Gegenteil zum Profilnamen immer und immer wieder aufgebaut hat.

Danke an Mirjam, von @mirjam.swistun, die mit mir immer und immer wieder einen Reality-Check gemacht hat.

Danke an all die anderen Menschen, die sich mir anvertraut haben, die mich bestärkt haben, die mich supportet haben, dass dieses Buch so wichtig ist.

Und zu guter Letzt: Danke, an Julia und Verena, die mich und meinen Aktivismus gefunden haben, mir eine Stimme gegeben und den Mut haben, in so vielen Themen mit einer starken Meinung voranzugehen, um wirklich etwas zu bewegen.

LITERATUR-VERWEISE

1 https://en.wikipedia.org/wiki/Spiritual_bypass
Fossella, Tina/Welwood, John (Spring 2011): Human nature, buddha nature: an interview with John Welwood. Tricycle: The Buddhist Review

2 Stangl, W.: Online-Lexikon für Psychologie und Pädagogik
https://lexikon.stangl.eu/2221/kontrollillusion

3 Ebd.

4 Stangl, W.: Online-Lexikon für Psychologie und Pädagogik
https://lexikon.stangl.eu/14988/illusion-of-truth-effect

5 www.newthoughtalliance.org, www.agnt.org

6 https://vielfalt.uni-koeln.de/antidiskriminierung/glossar-diskriminierung-rassismuskritik/bipoc

7 https://www.spektrum.de/lexikon/psychologie/new-age/10559

8 https://www.juraforum.de/lexikon/kult Erstveröffentlichung im Lexikon freien Denkens, Angelika Lenz Verlag 2008

9 Stangl, W.: Online-Lexikon für Psychologie und Pädagogik
https://lexikon.stangl.eu/10640/confirmation-bias-bestaetigungsfehler-bestaetigungstendenz

10 Ursprünglich nach Asch (1951), mehr dazu:
https://karrierebibel.de/konformitaet/
https://karrierebibel.de/asch-experiment/

11 Stangl, W.: Online-Lexikon für Psychologie und Pädagogik https://lexikon.stangl.eu/4531/placeboeffekt
12 Stangl, W.: Online-Lexikon für Psychologie und Pädagogik https://lexikon.stangl.eu/3912/klassische-konditionierung
13 https://www.sciencedirect.com/science/article/abs/pii/S0092656620300441
14 https://www.bsi.bund.de/DE/Themen/Verbraucherinnen-und-Verbraucher/Cyber-Sicherheitslage/Methoden-der-Cyber-Kriminalitaet/Social-Engineering/social-engineering_node.html
15 https://www.huffpost.com/entry/the-allure-of-spiritual-n_b_803415/amp
16 https://www.researchgate.net/publication/342690232_An_Exploration_of_Spiritual_Superiority_The_Paradox_of_Self-_Enhancement
17 https://www.scientificamerican.com/article/the-science-of-spiritual-narcissism/?amp=true

Veröffentlichungsstand der Quellen ist der 24. Januar 2023.